"La culpa es de los alemanes"

La burbuja inmobiliaria en el internet español

Por: Raúl González Acebes.

Queda prohibida, salvo excepción prevista en la ley, cualquier forma de reproducción, comunicación pública y transformación de esta obra sin contar con autorización de los titulares de propiedad intelectual. La infracción de los derechos mencionados puede ser constitutiva de delito contra la propiedad intelectual (arts. 270 y sgts. Código penal).

© 9 Junio 2013 Raúl González Acebes.

Todos los derechos reservados.

ISBN 978-1-291-44180-2

Si desea completar la información aparecida en este libro puede visitar el blog:

http://laculpaesdelosalemanes.blogspot.com.es/

La ruina de los españoles resumida en una sola frase:

Xavier Sala Martín: "¿Qué hay de malo en que suba la vivienda? La gente es más rica".

ÍNDICE GENERAL

Introducción 9
Notas el Autor. 9
Por qué los españoles no saben comprar casas y las españolas tampoco 19

1. Situándonos 22
   Albert Müller 22
   Mensaje a los contribuyentes europeos 29
   Cómo funciona España 33
   La culpa es de los alemanes 40
   Teoría: La conspiración Alemana para acabar con Francia 47
   Teoría: La guerra Euro- Dólar 51
   España a la cabeza de 53
   ¿Qué es una burbuja? 58

2. La burbuja en internet 75
   La carta de Pepito 75
   Borja Mateo 78
   Santiago Niño Becerra 91
   El fenómeno PPCC 96

3. La crisis..........118
   El esquema de la crisis..........118
   Quienes son los culpables..........126
   La lista..........131
   Los pases de suelo..........134
   Anestesias y amortiguadores:
   "Las ideítas" & "Las ideítas II"..........138
   Por qué España no crea empleo ordinario..........147
   Por qué no se mueve nadie..........159
   Lucha inter-generacional como nunca vista..........165

4. La que nos viene encima..........167
   Demografía de crisis..........170
   De DRY al 15-M..........175
   Sabemos muchas cosas que van a pasar..........180
   Educación..........187
   Pensiones..........194
   El "Pensionazo"..........200
   La orgía bursátil..........205

5. El Nuevo Modelo Económico..........206
   La "Blue Banana"..........206
   Productividad..........216

   Conclusión..........226

Nota del Autor:

Escribir este volumen ha sido un reto difícil. Hay partes que son muy preocupantes referidas a la crisis en general que estamos viviendo en primera persona millones de españoles. Es un desafío que supone ordenar una gran cantidad de ideas para que puedan mostrarse interesantes para muchas personas que saben y sienten la crisis pero no entienden muy bien lo que está pasando, sobre todo, lo que más siento es preocupación al escribir estas líneas por las reacciones que puedan producir en las personas que aprecio con las que siento que puedo discrepar profundamente. Es muy difícil explicar a la gente que hemos vivido una estafa de tipo inmobiliario durante dos generaciones y que van a pagar sus consecuencias por lo menos otras tres más, que nos han inducido constantemente a error, que hemos comprometido nuestro futuro y que lo hemos hecho sobre unas ideas que estaban tremendamente equivocadas.

Básicamente hemos vivido una estafa económica de tipo inter-generacional que va a dejar heridas a no menos de tres generaciones.

Por desgracia el proceso está siendo demasiado lento y el país, que no es ni más ni menos que la gente que nos rodea, ampliamente está en fase de negación mientras unos pocos están entrando poco a poco en fase de ira sin que veamos solución alguna a nuestros problemas.

Las personas que tienen una hipoteca pendiente deben ser conscientes que son víctimas de una estafa inducida en la que han caído por una serie de circustancias que van a ser explicadas en este libro. Se les ha hecho pagar un precio demasiado elevado y en muchos casos astronómico por un bien que tiene mucho menos valor que el coste que van a pagar por él. Al mismo tiempo han de ser conscientes que se les ha inducido para cometer ese error desde todas partes: políticos, tasadores, constructores, periodistas, bancos…y la propia gente que nos ha rodeado.

Durante unos años hemos sacrificado todo y hemos hecho girar todo en torno a la vivienda como "inversión", como" hucha", y como eje central de nuestro gasto pensando erróneamente que todo era perfecto. Nos convertimos en el país de "los tontos de los pisitos" y destrozamos nuestra economía en un sistema perverso que obliga a traer todos los ahorros del futuro y gastarlos en una vivienda.

Vivienda que en muchos casos es de tamaño y calidades deficientes como se verá adelante según pasen los años y el paso del tiempo deje su huella.

Las consecuencias económicas y sociales son terribles, cierto, pero debemos ser moderadamente optimistas porque al final del proceso vamos a solucionar el problema de la vivienda para varias generaciones. Tenemos una oportunidad de dar el salto y modernizarnos de una vez por todas; el que tenga una hipoteca y pueda pagarla no debe angustiarse. Una vivienda habitual es algo indispensable. Es una prolongación del útero materno, un lugar donde hacer una vida y formar una familia, solo por el hecho de vivir ya ocupamos un metro cuadrado, necesitamos ese espacio. Así que si se puede pagar no hay que preocuparse, se ha pagado caro, tomamos consciencia de ello, vamos a por los culpables (que son los que nos vendieron la casa) y no dejamos que esto vuelva a suceder a las siguientes generaciones.

En caso de no poder pagar la vivienda la situación es mucho más dura. Un desahucio pone de manifiesto la inaccesibilidad a la vivienda que hay en España.

Se cometieron muchos errores en el pasado. El primero fue pensar que éramos más ricos cuánto más cara era la vivienda. Es exactamente al revés. Seremos más ricos cuanto más barata sea y tengamos renta para gastarla en las cosas importantes de la vida.

Los desahuciados necesitan una vivienda y pagar su deuda, el país necesita que estas personas tengan una vida digna y entren al aparato productivo lo antes posible. A los que compraron la vivienda con ánimo de vivir y han sido desahuciados hay que ayudarles favoreciendo el acceso a una vivienda muy barata y ahondando el proceso de devaluación interna haciendo incapié en la bajada de precios que necesitamos hacer en todos los segmentos de consumo para que puedan vivir bien con la poca renta que les quede disponible. Los que han comprado para especular con un bien básico y necesario como la vivienda para especular han de perder su dinero incontestablemente. Una inversión puede salir bien o mal. En el caso de la vivienda en España ha salido mal y ha de ser el particular en exclusiva el que asuma la pérdida. A nivel social ha de haber escarmiento para que esto no suceda nunca más y el dinero no vaya a la vivienda sino que vaya destinado a la inversión para que haya un aparato productivo de primer orden que genere valor añadido y empleo altamente productivo.

Segunda nota del Autor:

Uno de los mecanismos de defensa psicosociales de los españoles es mantenerse equidistante y rehuir los problemas abandonándose en trivialidades, aún así, es difícil mantenerse al margen cuando suceden acontecimientos tan importantes como los que estamos viviendo en primera persona. No podemos abstraernos totalmente porque estamos dentro del proceso y somos parte interesada del mismo.

A lo largo de esta obra muchas de las potentes y polémicas ideas expuestas no son ideas propias del autor sino un compendio de una línea concreta encontrada en la red, fuertemente marcada por el pensamiento de varias personas mezcladas con el conocimiento y las experiencias propias. Si bien el autor comparte una gran parte del contenido de esas ideas es consciente de que lo que aquí se ha hecho ha sido resumir una cantidad de información muy extensa y que puede ser completada con amplitud. Ya sea por la violencia intrínseca del proceso o bien por las fuerzas implicadas en el mismo he de mantener una postura relativamente neutral en gran parte del contenido del libro para no ser tachado de algo que radicalmente no soy y que puede originarme más de un disgusto severo. Otra cuestión es el hilo narrativo y mi interpretación de ciertos contenidos que han sido agilizados y ordenados con el fin de facilitar la lectura.

En el capítulo del choque generacional he aclarar dos puntos:

1) En lo relativo a la gente común: Que no creo que haya habido "mala intención" por la inmensa mayoría de la gente sino que se ha desarrollado un largo proceso perverso, letal para la economía, que se ha hecho a costa de las generaciones venideras que no tiene parangón en la historia de España. Se ha pecado de un egoísmo y un gregarismo extremo que ha sido totalmente destructivo porque no se ha querido pensar ni en el futuro ni en el bien común. No se ha tenido consciencia plena de lo demencial y antinatural del artificio creado durante muchos años.

2) Que dentro de las generaciones existentes sigue habiendo clases. Que dentro de la generación Triunfadora (Generación T) hay una masa de pensiones injustas y miserables que son también

grandes perdedores de todo lo que nos va a tocar vivir y por el contrario dentro de la Generación Perdedora (Generación P) hay también verdaderos triunfadores, sobre todo en lo relacionado con la compra venta de viviendas y el sector inmobiliario.

En lo relativo a las Ciencias Sociales.

Las Ciencias Sociales no pueden entrar en el relativismo por mucho que sea una corriente habitual y que a muchos les pese. El observar a la mayoría o a grupos sociales para establecer patrones, conductas y ecuaciones es parte del proceso científico.

El hecho de hacer reglas es el hecho de remarcar el comportamiento de las mayorías o de grupos homogéneos. Ya sabemos que hay excepciones porque las ciencias sociales no son exactas por el propio comportamiento humano, pero las excepciones no hacen la norma y no queremos ni por asomo que sirvan de cortina de humo. Las excepciones no pueden ser el árbol que no nos deje ver el bosque.

En el capítulo que se habla de las anestesias y los amortiguadores nos encontramos con dos conceptos muy potentes y polémicos que hay en la red. "Las ideítas"[1] y "El marxismo cultural". Como autor encuentro que deben ir en el mismo capítulo por su contenido sin embargo el término marxismo cultural ha entrado en España por medios ultraderechistas de los que yo ni tengo nada que ver ni tendré que ver jamás. Antes de ser tachado de cualquier cosa perversa: los que me conocen bien saben que es lo que he sido y como he evolucionado y en lo que no me he convertido ni me convertiré jamás. Para que no se entre en el terreno de las falacias "ad hominem", que tanto gustan a los españoles, deseo que quede bien claro que al que no le guste la tesis de este libro o algunos de los argumentos aquí recopilado, lo discuta, lo rebata y aporte lo que tenga que aportar para defender sus argumentos pero que no entre en el juego infantil de las falacias porque no tendrá nada que hacer, el tiempo irá en su contra y la realidad se irá imponiendo por mucho que no guste.

---

[1] Término acuñado por PPCC en la red.

Por último quisiera agradecerles de todo corazón el asomarse a este tema tan importante como el de la burbuja inmobiliaria y los contenidos aparecidos en internet que aquí compilo y redacto de forma introductoria para aquellos que no estén iniciados y tengan ganas de leer algo nuevo e importante. La cantidad de información y de debate es tal que se podrían escribir cientos y cientos de páginas. La idea que tuve desde el principio era la de escribir un libro que sirviese de introducción a gente que no fuese experta pero tuviese buena cabeza y ganas de aprender para no cometer errores y estar lo mejor preparado para la España del siglo XXI. El clima que hay es muy malo, el que viene será inevitablemente irrespirable en muchos sentidos.

Por qué los españoles no saben comprar casas y las españolas tampoco.[2]

Una tarde calurosa del verano de 2013 Ramón y Laura decidieron ir con su familia a dar un paseo por el barrio acompañados de sus familiares. En el paseo iban fijándose y comentando todos los pequeños detalles que veían. Entre todos destacaban la cantidad de carteles que había en viviendas y en locales de "Se vende". Alguno amarilleantes acompañados por el teléfono móvil de contacto con el precio de dicha vivienda. Ramón miraba al frente y no se detenía mientras el resto de la familia repetía una y otra vez comentarios sobre lo oportuno que era comprar una vivienda por lo barata que estaban y cómo había bajado su precio. Llegó un momento en el que Ramón no pudo aguantar más:

"¿queréis callaros de una vez?" gritó

Rápidamente hubo un gran silencio.

"¿Por qué?" preguntó Laura inmediatamente

"Pues porque estoy intentando que no cometáis el mayor error de vuestras vidas" contestó bastante alterado.

La familia se miraba sin entender nada "¿error?, ¿si están baratísimos los pisos?", miradas de censura, ¿Qué dice Ramón, no tiene ni idea?, y ese tono, ¿cómo se atrevía a interrumpir ese dulce Estado de conciencia que trae la oportunidad del "chollo"?. Sin embargo él no podía entender por qué seguían diciendo lo mismo y cometiendo los mismos errores que habían llevado el país a la ruina. Con un desempleo cercano al 30%, unas rentas de trabajo

---

[2]Pequeño homenaje a "Por qué los Hombres no escuchan y las Mujeres no entienden los mapas"

menguantes, y unos impuestos cada vez más altos ¿Qué clase de chollo es una vivienda de reducidas dimensiones que te va a tener esclavizado toda tu vida por un precio que no sabes si vas a poder pagar?.

El problema fundamental de este ejemplo es que los ciudadanos que viven en España no comprenden muy bien qué es una burbuja inmobiliaria, como funciona y que consecuencias negativas sociológicas, psicológicas y económicas tiene.

Hace mucho tiempo que se sabe muchas de las consecuencias negativas que una burbuja inmobiliaria tiene. Lo saben economistas, empresarios, políticos y gente de cierto nivel pero lo políticamente correcto y el no querer "acabar con la fiesta"[3] no ha hecho más que agravar el problema hasta alcanzar unas dimensiones horrorosas.

La sociedad hoy día parece obstinada en repetir los mismos mantras ideológicos que le llevaron a la situación de ruina y decadencia en la que estamos atrapados y muchos aún no son conscientes porque una de las consecuencias que ha habido es que la sociedad se ha fragmentado entre ganadores, perdedores e indultados y los ganadores no son conscientes del daño que han asestado al resto de la gente y a su país. Vamos camino pleno a una distopía durante un par de generaciones. En nuestra tarea está el conseguir que los indultados de la burbuja inmobiliaria no pasen a formar parte de la legión de perdedores, que los perdedores puedan llevar sus vidas de la mejor forma posible y que no caigan más en los errores a los que les han inducido a caer la generación de personas más usurera de la historia de este país.

¿Qué significa esto para todos nosotros? En general que estamos en un terreno peligrosísimo, estamos caminando en un campo llenos de minas y arenas movedizas. Anticipo que algunas de las conclusiones y de los análisis serán muy controvertidos y que habrá detractores,

---

[3] En palabras del ministro Sebastián en televisión. "La fiesta is over" en medios anglosajones.

sin embargo se apreciará que globalmente el libro si aporta una visión concreta de lo que está pasando en esta sociedad y que si las personas que hoy día están arruinadas por haber cometido el error de comprar una vivienda hubiesen leído este libro, seguramente hoy estarían en condiciones mucho mejores que las que están ahora. Si los desahuciados hubiesen leído este libro antes de haber comprado una vivienda muy cara seguramente no estarían tan mal como están.

1 SITUÁNDONOS.

Mi Amigo Albert Müller

Mi amigo Albert Müller es alemán y ha estado leyendo por internet ciertos artículos y comentarios que le afectan personalmente.

Él es alemán y ha percibido un malestar muy grande entre los españoles. Algo lógico pues el desempleo es colosal y la crisis allí es muy fuerte. En Alemania cuando Hitler ganó las elecciones había menos desempleo que en España en enero de 2013, cuando empezó la segunda guerra mundial el paro era más bajo. Además recuerda que en EEUU el desempleo en la gran depresión llegó al 25%. España lo supera ampliamente y no para de crecer. Aunque muchos españoles dicen que la cifra de paro español no es cierta Albert no puede hacer más que preocuparse; por muy falsa que fuese la cifra (y no lo cree), los números indican una situación crítica, una sociedad muerta y una serie de problemas por venir de los que no hay consciencia total en parte por la incertidumbre del proceso.

Le llama mucho la atención que en España una de los que salen públicamente a decir que los datos de desempleo no son reales sea el presidente de la patronal española. De esa patronal que 5 años después de iniciarse la crisis aún no había hecho ni una sola reflexión útil y en la que no ha habido un mínimo de autocrítica. Visto desde fuera parece que la crisis no va con los empresarios españoles, que todo viene desde fuera y que ellos y su modelo económico son "extraordinarios"

España choca vista desde fuera.

Pero también ha percibido algo nuevo en España. Albert ha percibido una hostilidad nueva y creciente por parte de los españoles hacia Alemania y su gobierno. Nunca en la historia había pasado eso. Alemania ha sido un país admirado en España desde su nacimiento (exceptuando lógicamente el período nazi), además un amigo español le ha dicho que España es el único país europeo que nunca ha estado en guerra contra Alemania. Aunque no tiene tiempo de comprobar esta afirmación sí que aprecia que históricamente España y Alemania no han tenido caminos enfrentados pero que ahora empieza un cambio de paradigma importante y preocupante. Albert es un tipo listo que piensa en el futuro.

¿Por qué es esto así?

¿Por la política de austeridad?

¿Hay algo más en este novedoso proceso?

Albert ha empezado a leer periódicos españoles y ha visitado foros más independientes alejados del pensamiento predominante de la prensa de masas española.

Ha encontrado ciertas cosas sorprendentes y ha decidido plasmar sus pensamientos aquí.

¿Por qué en la mente de los españoles se repite tanto la idea de que la culpa es de los alemanes?

Una germanofobia nueva, localizada, inducida y creciente que se intentará clarificar en estas páginas.

La situación en Alemania no es tan buena como dicen fuera de sus fronteras. Alemania durante muchos años tuvo unas tasas de desempleo muy altas. Esos fueron los años de esplendor en España. Alemania ha sufrido además pagar el coste de dos unificaciones nada baratas: la Europea y la de su propio país.

Lo cierto es que hoy día Alemania sigue teniendo una fractura oeste-este notable. Ni siquiera la emigración masiva de alemanes orientales hacia el oeste ha conseguido tapar completamente la diferencia de empleo en ambos sitios. En diciembre de 2011 Alemania tenía una tasa de desempleo heterogénea del 6,7%. En

Alemania oriental el desempleo seguía por encima del 10%, en puntos concretos se supera el 15% y en alguna zonas de la Alemania occidental también se superaba el 10% de desempleo como el caso de Bremen.

Además hay una fractura de la que casi nadie habla. Alemania tiene también una ruptura entre el norte y el sur. Al contrario que en España los Estados sureños son los que menos tasa de desempleo tienen mientras que los del norte les duplican o más. Es la primera gran diferencia que Albert Müller encontró entre Alemania y España.

Lugar	Tasa de desempleo
Alemania oriental	10,30%
Alemania occidental	5,80%
Alemania	6,60%
Bayern	3,60%
Baden-Württemberg	3,90%
Saarland	6,80%
Rheinland-Pflaz	5,10%
Hessen	5,50%
Thüringen	8,20%
Nordhein-W	7,90%
Niedersachen	6,40%
Bremen	10,80%
Hamburg	7,10%
Schlewig-Holstein	6,80%
Mecklenburg-Vorpommern	12,10%
Berlin	11,60%
Sachsen-Anhalt	11,20%
Brandenburg	9,90%
Sachsen	9,40%

Desempleo por regiones en Alemania en Diciembre de 2012.

El empleo alemán también es muy precario en muchos sectores. Hasta 7 millones de personas tienen lo que se conoce como minijobs. Trabajos de jornada reducida por los que se perciben hasta 400 euros que no cotizan para las pensiones ni la seguridad social.

La situación en Alemania no es nada buena, el portavoz de la Conferencia Alemana sobre la Pobreza, Thomas Beyer, pone de manifiesto que uno de cada cuatro alemanes trabaja actualmente en el sector de empleos de bajos ingresos y que 7,6 millones de personas, el 9,3% de la población, cobran ayuda social ya que con sus ingresos no alcanzan el mínimo que estipula la ley. La Oficina Federal de Estadística de Wiesbaden aporta otro dato más: uno de cada siete alemanes está en riesgo de caer en la pobreza, dato que limita el potencial de la demanda interna.

Hay más cosas negativas, investigado el caso español Albert ha tomado consciencia de lo dura y dañina que ha sido la burbuja inmobiliaria española, según alguno de sus grandes críticos en internet al menos otras dos docenas de países occidentales tienen burbuja inmobiliaria en sus respectivas economías pero no son tan severas como la burbuja inmobiliaria española.

Albert tiene motivos para preocuparse, porque según la revista alemana "FOCUS" los pisos se han encarecido en Berlín un 73% desde 2007. Esto le lleva a plantearse muchas preguntas. ¿Hay burbuja en Alemania? ¿Es diferente el caso de Berlín? ¿Se parecerá Alemania a España en un horizonte de un par de décadas?.Casi seguro que no porque Alemania tiene unos sectores productivos que España no tiene y que son mucho mejores, pero si se está formando una burbuja hay motivos para preocuparse mucho tal y como verán en este libro.

El costo de la unificación europea ha sido grande. Alemania ha contribuido con mucho dinero durante décadas que ha llegado a otros países. Lo que Albert piensa es que ese dinero que llega a países como España ha sido malgastado en carísimas y discutibles infraestructuras, en subsidios improductivos, en mantener un caro aparato regional-estatal y en servicios innecesarios en muchos casos.

En 2013 Alemania llevará pagándole a España grandes sumas de dinero desde hace más de 25 años, parece que los españoles se han acostumbrado a eso y dan por hecho que ese dinero debe seguir llegando siempre. Viendo el problema que hay dentro de sus propias fronteras con respecto a los flujos fiscales ¿no perciben los españoles que la gente se cansa de dar dinero si no ve resultados?. Albert entiende que haciendo la cuenta entre lo fiscal y lo comercial Alemania sale ganando pero eso le lleva a preguntarse por qué España no puede mantenerse por sí misma como otros países de la Unión Europea que son más ricos.

¿A qué viene el enfado de los españoles?.

Albert no para de hacerse preguntas.

¿Se gestionan bien a sí mismos los españoles?

¿Son capaces de hacer autocrítica?.

¿El dinero en qué se ha gastado, a dónde ha ido?.

Y sobre todo. ¿se puede cambiar esta situación o ha llegado el momento de tirar la toalla después de más de 25 años?.

¿Deberían irse los españoles del euro o somos nosotros los alemanes los que deberíamos irnos?

Albert tiene dudas y las expresa.

En Alemania las cosas no van bien y se está gastando el dinero en unos países que se han acostumbrado a vivir con él y lo han gastado mal.

Luego está el tema de los bancos.

Esto ha sido un trato entre adultos. No entre un padre y un hijo ni cualquier otra cosa que se ocurra. Ha sido entre dos socios adultos que deben ser responsables en sus acciones. Los bancos alemanes le han prestado un dineral a los españoles, sobre todo a sus cajas de ahorros. Éstas han hecho un negocio pésimo gastándolo en ladrillo y van a perder un dineral hasta el punto que si todo fuese lógico las cajas de ahorros españolas y casi todos sus bancos tendrían que echar el cierre.

¿Cómo recuperar ese dinero que han prestado los alemanes?

¿Hasta qué punto los alemanes hemos sido irresponsables prestando a unos clientes insolventes?

¿Si no lo recuperamos que me pasará? Perderé mis ahorros, y mi pensión… todos son preocupaciones.

Encima no ha sido solo a los españoles.

Hay más países implicados como Grecia, Portugal…

¿Es normal que una vivienda en un barrio obrero cueste más en España que en Alemania?. ¡¿En que estaban pensando los españoles al montar todo eso?!. Una vivienda media en barrios "obreros" como Alcorcón, Hospitalet ….de 80m2 pagando los intereses sale a más de medio millón de dólares. ¿Son tan ricos los obreros españoles como para pagar eso?. Es evidente que no porque llevamos pagándoles un dineral más de un cuarto de siglo. Allí hay algo que va mal y encima nos echan la culpa piensa Albert.

Es el momento de investigar el origen de todos los males españoles porque va a afectar a todo el mundo, alemanes incluidos. Se apunta a la burbuja inmobiliaria en España como el origen de sus males. Veamos que han dicho por allí y busquemos lo más interesante a ver si nos aclaramos.

Mensaje a los contribuyentes europeos.

Si usted es un contribuyente neto europeo quizás le interese leer esto.

-España está en una situación económica muy mala.

-La situación es peor de lo que dicen.

-La mayor parte del país está en estado de negación.

-La culpa del hundimiento de España es una burbuja inmobiliaria.

- La burbuja inmobiliaria española es la más grande del mundo y la historia.

-El sector inmobiliario era la locomotora de la economía española.

-Absolutamente todo está contaminado por el ladrillo. No hay ecuación económica que no se vea arrastrada al fango por culpa del ladrillo.

-Ningún análisis sobre la economía española que no considere al ladrillo tiene ninguna fiabilidad.

-La burbuja hace que el emprendimiento sea impracticable por dos motivos:

    1- El precio de los locales (oficinas, comercios, naves) es una losa que se traga los beneficios empresariales ya sea por coste hipotecario o por alquiler estratosférico.

2- Los salarios de los trabajadores están ligados al coste de la vivienda. La rigidez salarial española es fundamentalmente por culpa del precio de la vivienda que tienen que satisfacer los empleados. El empleador ha de pagar la necesidad de vivienda de su trabajador y al tener ésta un coste altísimo dispara los salarios al alza tanto de no cualificados como de cualificados.

-España no puede salir por sí misma de esta situación.

- La suma de las deudas (pública + privada) es la segunda más alta per cápita del mundo al empezar el año 2013.

-Hay más "basura debajo de las alfombras".

-Casi todo el dinero que se sacó de la burbuja sigue en España pero no se quiere, por parte de nuestro gobierno, hacerlo tributar y ponerlo a disposición del nuevo patrón económico.

-El gobierno ha optado por "congelar" la situación porque desea volver al mismo patrón económico.

-El gobierno ha optado por "congelar" la situación porque está ganando tiempo para que los delitos relacionados con el sector inmobiliario prescriban.

- El gobierno en España no es un partido concreto sino una casta corporativa formada por los principales partidos que surgieron de la constitución de 1978 que se ha perpetuado en el tiempo.

-España pagará su deuda o al menos todo lo que pueda.

-España no es que necesite dinero europeo, que lo necesita y mucho; Los españoles necesitan mucho más. Los españoles necesitan un apoyo moral y medidas coordinadas por parte de los europeos para limpiar el país de corruptelas y transicionar hacia un modelo económico nuevo basado en la producción de bienes de equipo y la exportación.

-Los españoles no tienen norte, ni modelo al que ir ni nada parecido ahora mismo.

-Europa es la solución que necesita España pero España se está tornando eurófoba.

-No apostar por Europa es dejar a los españoles en manos de sus castas locales.

-Europa está siendo timorata y lenta en la adopción de acuerdos europeos.

- La culpa fundamental de lo que está sucediendo es ciertamente de los españoles, pero el exceso de crédito no se controló en Europa por lo que Europa debe asumir su parte de culpa al haberle dado "droga al yonki".

-Los españoles no son ningunos vagos. El problema español es de productividad por su estructura económica y de modelo económico.

-Si usted cree que la crisis española no le va a afectar porque es un contribuyente de Holanda, Austria, Finlandia o Alemania (por poner unos ejemplos) está muy equivocado.

-Urgen soluciones globales, conjuntas y coordinadas.

-Es posible que nunca cobrar una deuda salga tan caro. La ruptura norte-sur en Europa puede dar lugar a fenómenos populistas en ambos lados.

-En España la prensa está confundida, atrapada en una lógica perversa y en muchos casos es dependiente del poder político. Hace tiempo que muchos abandonaron la idea de ser el 4º poder y pasaron a convertirse en una parte del poder en sí misma convirtiendo a amplios sectores de la prensa en palmeros y voceros de los partidos políticos del régimen del 78.

Es un mal que afecta a mucho más países. Sin prensa libre y crítica no puede haber democracia. En España encontramos que muchos de los medios de comunicación están ligados a los partidos políticos y dependen de forma determinante de las subvenciones públicas para funcionar. La mayoría de los españoles si son cuestionados sobre un periódico o un canal de radio o televisión concreto contestarán fácilmente "estos son del PP", "estos del PSOE" o "estos otros de CIU" acompañados seguramente de algún adjetivo o gesto negativo si no son el partido por el que gozan de cierta simpatía.

-Se puede leer en más de un sitio y en comentarios vertidos en periódicos online por parte de algunos lectores que si se prohibiesen los anuncios de "contactos" y las subvenciones públicas casi todas las cabeceras de los grandes periódicos de papel tendrían que cerrar. Esa prensa depende de los partidos políticos a cambio de su apoyo y de ocultar lo que no les interesa.

España necesita prensa libre y periodismo de investigación.

Cómo funciona España.

Seamos sinceros. España, al igual que Grecia y otros países no somos países homologables a las grandes democracias occidentales. Grecia es quizás el país del que más se está hablando por su dramática situación porque ha sido elegida como icono mundial del desastre europeo. España le anda a la zaga. Sin embargo Grecia y España son dos países muy parecidos en muchos aspectos negativos. Somos dos países dominados por una casta política que los ha manejado durante décadas de forma ineficiente y de forma pseudo-democrática. La gente se muestra incapaz de librarse de ellos y lo empeora todo mostrando un apego terrible al modelo económico-político anterior a la crisis que no son capaces de reconocer como muerto. Son sociedades que no hacen más que hundirse cada vez más en el lodo sin capacidad de reaccionar y de hacer limpieza en sus instituciones y en su modelo político-económico.

En Grecia los ciudadanos están respondiendo electoralmente. En el internet español los focos de atención recaen sobre los izquierdistas de SYRIZA y los neonazis de AMANECER DORADO (o aurora dorada) como la alternativa, el voto de protesta o "la antipolítica".

Grecia se descompone. España también y el modelo muestra cada día más síntomas de agotamiento sin que se produzca cambio alguno.

Centrémonos en España.

España es un país donde no hay separación de poderes. Esto automáticamente le convierte en un país pseudodemocrático aunque el nivel de percepción de los españoles es mayoritariamente el de una democracia plena, especialmente en los segmentos mayores de edad de la población que vivieron la dictadura en su infancia. Los españoles con apego al modelo niegan el déficit democrático del mismo. Básicamente son la gente que vivió la transición del 78 y que ahora tienen más de 50 años. Son la fuerza inmovilista por excelencia de la sociedad española. Se han convertido en una fuerza reaccionaria y conservadora del statu quo.

Europa y EEUU, que fueron los que fomentaron el cambio político en España a finales de los años 70, lo sabían de sobra pero dejaron entrar a España en las instituciones internacionales (CEE, OTAN...) por motivos políticos. El caso español no fue un caso único, por motivos políticos se ha preferido mirar a otra parte en la cuestión de la "calidad democrática" de los regímenes de muchos países. Grecia es otro país con un serio problema de democracia, en tanto en cuanto nuestros países no sean capaces de dar un salto adelante hacia un régimen similar al de las democracias más avanzadas no se va a poder hacer prácticamente nada para mejorar la situación de crisis estructural cronificada que tenemos.

En España los órganos superiores judiciales son el Consejo General del Poder Judicial (CGPJ), el Tribunal Supremo (TS) y el Tribunal Constitucional (TC.).

Todos vienen regulados en la constitución Española. Una constitución rígida y amplia (169 artículos).

En el caso del CGPJ los jueces son propuestos por las cámaras (congreso y senado). Las Cámaras son elegidas en listas cerradas confeccionadas por los partidos políticos y votadas por ciudadanos que en rarísima ocasión sabe a quién ha votado en su lista. En España las listas son cerradas y los españoles meten una papeleta con todos los nombres de los candidatos ordenados, los españoles no saben a quién está votando más allá del primero de la lista en la práctica totalidad de los casos. La gente no sabe a quién vota en España, es algo fácil de comprobar, pregunte a votantes y hágales que les digan quienes estaban en la lista. Cuando la elección sea sobre un órgano administrativo más pequeño habrá más posibilidades que el votante sepa a quién vota más allá de las siglas que se le presentan en la papeleta.

Del CGPJ sale el TS. El que es el presidente del CGPJ es el mismo que el del TS. El TS tiene una particular forma de funcionar a través de "Salas". Los presidentes de las Salas son propuestos por el CGPJ. Todo pasa por un CGPJ totalmente politizado.

El TC es similar. Su funcionamiento también viene en la Constitución Española (CE). El gobierno pone a 2 de los 12 magistrados, los partidos políticos, a través de las cámaras nombran otros 8 y los dos últimos salen del CGPJ que a su vez ha sido puesto por las propias cámaras. Como pueden ver todo pasa por los partidos políticos con descaro.

¿Ven la "peculiar" forma de elegir a los altos magistrados en España?. El poder legislativo nombra directa y de forma dependiente al poder Judicial.

Otra cosa que es especial en España es su organización administrativa. España es un Estado único en el mundo que se denomina a sí mismo como autonómico.

En España hay 3 estructuras administrativas: La Estatal, La Regional (Las Autonomías), y la Local.

España no se reconoce como Estado Federal pero de facto funciona como tal en unos casos y como confederal en otros aunque con ciertos matices menores como es el caso de la representación del Estado a través de las delegaciones de gobierno.

Las autonomías son el equivalente a los Estados federales de EEUU o Alemania. La comunidad de Madrid es el equivalente a un Estado federal de EEUU como Texas para que ustedes lo entiendan o la Comunidad Valenciana es el equivalente al Estado federal alemán de Hesse, haciendo un símil con Alemania que es otro Estado federal.

La parte confederal la ocupan dos Comunidades Autónomas la vasca y la navarra. Teniendo la comunidad vasca 3 haciendas independientes del régimen general y la navarra 1.

Hay fuertes tensiones territoriales y regionalismos crecientes desde 1978, el régimen pretendió suavizar las tensiones territoriales a través de la autonomía y ha conseguido el efecto contrario, los independentismos no habían sido tan fuertes nunca y para colmo se ha creado una serie de castas locales que han derivado en regionalismos que antes no existían en otras regiones. Desde el punto de vista de los resultados la constitución del 78 ha fracasado como integradora de sus ciudadanos en sus territorios.

Cuanto más se arranca al Estado central se considera mejor porque el "frame" principal es que "la cercanía en la administración es más eficiente", a esta cercanía a través de las organizaciones administrativas locales y regionales frente al Estado central es el fruto de la llamada "cesión de competencias".

La mitad del gasto lo tienen los "Estados Federados" (las comunidades autónomas". El resto se reparte entre ayuntamientos, Estado central y la Seguridad social.

El gasto está más descentralizado en España que en Estados Federales como son EEUU o Alemania.

El sistema no es de suma cero. El sistema español es tan bizarro que en unas regiones se aplican unos criterios y en otras regiones se aplican otros diferentes. Siempre usan el que más interesa, a regiones pobres y pobladas como Andalucía le gusta usar la población como referente, a regiones ricas como Cataluña les gusta usar el PIB. El resultado es caos, ineficiencia, y negociaciones y compensaciones por la puerta de atrás constantemente, lo peor es que como no es un sistema de suma cero no hay posibilidad de financiarlo así que la deuda no hace más que aumentar para que el sistema siga funcionando.

Que haya 5 haciendas distintas en un mismo país es un caso único en el mundo.

Los gobernantes de las regiones son elegidos votando los ciudadanos listas cerradas.

Los ciudadanos no saben a quién votan en las listas. En el 99% de los casos no son capaces de nombrar los 5 primeros de su lista.

El sistema electoral es D'hont por lo que se favorece a los dos partidos más votados por circunscripción. Sin Excepción han sido históricamente siempre los mismos desde 1978: PSOE, PP, CIU y PNV. Puede entrar en este grupo un quinto que son los proterroristas de batasuna que se han "reciclado" en un proceso tutelado desde fuera y en el que está implicado la OTAN la UE y los EEUU.

No hay referéndums regionales (federales) como en EEUU.

Apenas ha habido referéndums estatales.

Las listas de los partidos sirven de premio o castigo para sus miembros. La mejor forma de acabar con la disidencia en un partido es no poner al candidato en la lista para las siguientes elecciones.

Todos los partidos políticos que salieron de la constitución de 1978 tienen procesados por corrupción o terrorismo. En el momento de escribir este libro hay más de 1600 políticos implicados en casos de corrupción en España. Nos consta que el número de implicados real es mucho mayor.

La gente no cambia el voto. De forma histórica ha habido pocas variaciones en los procesos electorales en España. Se habla de "**voto cautivo**", especialmente en la gente que es mayor de 50 años.

Estructura social

España es un país con muchas desigualdades. En 2012, según el diario "El País", España era el país de la Unión Europea con mayor desigualdad entre ricos y pobres.

En España no hay actualmente un "sentimiento de clase" uno de los efectos de la burbuja inmobiliaria, el crédito barato y los negocios Low cost es que todo el mundo tiende a denominarse a sí mismo como "clase media". Poca gente se definirá a sí misma como "clase obrera", "clase baja" o clase "media-baja" aunque realmente es lo que son por su nivel real de renta.

En parte esta distorsión es así porque los no cualificados de la construcción han tenido unos salarios muy altos y han tenido rentas muy superiores a las de licenciados y diplomados. En el resto de gremios no ha habido una diferencia salarial tan grande entre cualificados y no cualificados. La desigualdad fundamentalmente se ha dado por franja de edad y no por cualificación. El 40% de los trabajadores españoles están sobrecualificados para su puesto, fundamentalmente los jóvenes. Esto pone de manifiesto la baja productividad del modelo económico español basado en Ladrillo + Turismo + Consumo interno a crédito + Subvenciones europeas. La estructura económica española no absorbía ni absorbe a los cualificados por estar orientada a un modelo donde no hace falta cualificación.

España ha sido tradicionalmente tierra de caciques. España no experimentó completamente la revolución industrial y la ilustración en los siglos que van del XVII al XIX.

La estructura de caciques se ha perpetuado mediante redes clientelares.

Las redes clientelares hacen que los ciudadanos no gocen de las ventajas del libre comercio. Al hacerse con los "negocios privados" que vienen de las privatizaciones y al tener empresas privadas que viven de suministrar a las administraciones públicas en régimen de semi-oligopolio los precios no bajan y el servicio no mejora. Los ciudadanos perciben, con razón, que una privatización en España es mala para sus intereses.

Todas las privatizaciones que ha habido han acabado con subidas de precios y/o con precios superiores al de los países europeos. Los casos más significativos son los de la energía y telecomunicaciones.

Las directrices de competencia de la UE han sido incumplidas sistemáticamente.

Tras leer esto un contribuyente europeo medianamente formado podrá entender mejor España y lo que le está pasando. Pero el núcleo gordiano del problema es la burbuja inmobiliaria. Los españoles han hablado poco de ella hasta hace poco cuando se han empezado a dar cuenta de lo perdedores en lo económico y en lo social que van a ser, solo internet se ha mantenido activa desde el primer momento aglutinando a los pocos críticos que había desde el principio.

La culpa es de los alemanes.

A ti contribuyente alemán, para que sepas por qué en España te culpan de nuestros males. Para que entiendas por qué hay una fortísima campaña en contra tuya.

Dos grandes mantras se escuchan hoy día en España:

"La culpa es de los alemanes".

"La culpa es del crédito, que no fluye".

Y a partir de ahí se deriva todo análisis para muchísima gente, sobre todo los comunicadores (periodistas) que claramente están inducidos a pensar así. Aunque se ve que algo no termina de cuadrar.

Implícitamente van muchas otras afirmaciones del tipo "la austeridad de Merkel no está sirviendo para nada", "las PYMES no funcionan porque no les dan crédito".

Si usted está en España escuchará y leerá estas frases habitualmente.

¿Por qué es esto así? ¿Qué está pasando? ¿Qué podemos hacer en Europa para solucionar esto? ¿Cuáles son los sectores sanos sobre los que puede caer el futuro y sacar esto adelante?. Responder a esas preguntas es el objetivo de este pequeño ensayo. Ni más ni menos se trata de una compilación de pensamientos e ideas que circulan en internet desde mucho antes de que empezase la crisis: desde 2004 basada, entre otras, en ese personaje anónimo que firma en diferentes foros de internet con varios nicks pero que se les conoce como IR-(interés real negativo), PPCC (pisitófilos creditófagos) o GXL (gracias por leer). Además de muchos pensamientos expresados anónimamente en foros de internet (burbuja.info, transición estructural) y muchos artículos que hay en la red. Básicamente lo que doy en este libro es un orden para presentar algunas de las ideas que más me han interesado y mi interpretación a lo leído, otras veces lo complementaré con mis aportaciones y otras intentaré señalar cuáles son mis aportaciones propias y que cosas son externas al cauce habitual de información habitual.

Sea como fuere el futuro es muy difícil de prever porque la gente común no tenemos acceso a toda la información que manejan las élites y no podemos predecir ciertas decisiones que van a tomar y que van a afectar mucho al proceso o a su timing (cuando suceden las cosas).

España no sufre más que una burbuja inmobiliaria colosal, la más grande de la historia de la humanidad, que ha afectado a todo lo demás y que lo ha infectado todo dejando una deuda y unas consecuencias que van a pagar las próximas generaciones (2 o 3 como poco, especialmente los jóvenes y los menores de 50 años), sin embargo en España hoy día aún se sigue en estado de negación, clamando por un pasado idílico con una riqueza que nunca existió. Mientras se intenta resucitar el modelo muerto que falsamente nos dio éxito, el mundo avanza y nosotros nos quedamos atrás. No todo ha sido homogéneo, como toda burbuja, como todo proceso que se alarga en el tiempo, hay unos ganadores y unos perdedores. Las consecuencias de ese proceso es lo que vamos a ver en las siguientes páginas. Algo que quizá fuera de España se perciba con más nitidez por eso de estar libre de las cadenas que nos atan a los españoles (la deuda y la carga ideológica-cultural) y porque España, desgraciadamente, es un país de contrastes donde mentalmente se pasa del blanco al negro sin pasar por los grises, donde no se conciben procesos con altibajos que se alargan en el tiempo. Somos un país donde se pasa de la euforia a la depresión con velocidad de vértigo, aplicamos el "somos cojonudos" o "el somos una mierda"[4] y así no hay forma de ver cómo van pasando las cosas en el tiempo con nitidez.

Es la hora de hablar de ciertas cosas muy impopulares y muy amargas y soy muy consciente que las personas que lean esto en España con detenimiento no van a quedarse impertérritas sino que

---

[4] Disculpen el vocabulario.

van tener reacciones intensas, quizás furibundas contra lo leído, algo que mayoritariamente no será si quiera lo que yo he dicho sino la compilación de lo que otros llevan diciendo años. En todo caso da igual porque lo que tenga que pasar pasará y muchas cosas son absolutamente inevitables que sucedan por mucho que la gente quiera negar las causas de nuestra ruina o simplemente no quiera verlas. Duermo con la conciencia tranquila y además sé que no estoy solo.

Este libro tiene dos partes, la primera es la explicación de la germanofobia inducida y reinante y donde pondremos los ejemplos de los fracasos de España como sociedad y como país en todas sus vertientes y los escandalosos casos de "España a la cabeza".

El mensaje que reproducimos es muchas veces que el de que unos países son unos virtuosos y otros unos despilfarradores, que Alemania es trabajadora y España es ociosa. La imagen que se vende en Alemania de España es que "se acabó la fiesta", "que hemos vivido por encima de nuestras posibilidades" "los españoles son unos vagos"[5]. Es un esquema que también se reproduce entre regiones en Europa ¿es esto realmente así en el caso Alemania-España?.

Mucha gente se ofende intensamente y cuesta mucho razonar con ellos. No se si es un mecanismo de defensa psicológico o algo socio-cultural pero la gente no parece dispuesta a admitir haber cometido errores en su vida en España. La culpa siempre suele ser de otro. Creo firmemente que es un problema de inmadurez social de la que se podría escribir mucho pero la conclusión a la que he llegado es que no merece la pena discutir y tener un disgusto, lo mejor es decir las cosas una vez y dejar que las personas se equivoquen y aprendan de sus errores. El clima ha sido muy violento y se está enrareciendo por momentos. Una de las grandes preguntas que muchos nos

---

[5] Los anglosajones y los nórdicos son mucho peor en esto.

hacemos y muchos se han hecho en internet es cómo comunicar ciertas ideas en un país donde hay conversaciones imposibles, esa es una de las grandes incógnitas que este libro no puede desvelar porque el libro es una forma de intentar comunicar ciertas ideas prohibidas de facto en muchas conversaciones y tertulias.

Hay mucha violencia en muchos casos porque hay personas que mantienen una y otra vez que no han vivido por encima de sus posibilidades. Lo cierto es que hay muchas personas que en sus cuentas personales y domésticas han vivido así, no cayeron en la burbuja y no compraron una vivienda a precio estratosférico, no se endeudaron, han vivido con lo que han ingresado e incluso han ahorrado en base a muchas modestias, sacrificios y en gran parte gracias a no tener hijos. Pero sin embargo la pregunta se mantiene ¿han vivido por encima de sus posibilidades?. La mentalidad española disocia totalmente de la esfera particular y la pública. Los españoles, que critican curiosamente a los norteamericanos por su individualismo, viven al margen de lo público como si no fuese con ellos, como si no tuviese nada que ver con ellos y dicen cosas como que "eso es cosa de políticos" o "la política no me interesa", pues Política es cómo se organiza la vida con tus vecinos y si tu comunidad funciona mal a uno le acaba salpicando porque hay ciertas cosas que son comunes como multitud de gastos, de patrimonios… y de deudas. Uno puede "pasar" de política pero tiene que asumir que va a ser otro el que le haga una parte de sus cuentas y si te deja una deuda a repartir entre todos de 60.000 euros uno va a tener que pagar su parte aunque "eso sea cosa de políticos".

Pongamos un ejemplo claro: los niños españoles.

Los niños españoles "se sacan" un 8, pero "les ponen" un 3. Es decir, el niño aprueba, pero "le suspenden". Lo negativo, lo malo, es algo ajeno.

Lo mismo sucede en el día a día de los adultos.

Otro ejemplo. España es el país de los extremos, de pasar de euforia a depresión sin término medio, el país que no entiende los procesos que se alargan en el tiempo y menos si no son lineales.

Los ciudadanos españoles sienten que no tienen nada que ver con los políticos cuando estos gestionan mal o se desvela algún caso de corrupción. El español vota para que le gestionen y quitarse de problemas. Los votantes de los partidos que han gobernado este país y en sus diferentes estamentos (Estado Central, Regional-Autonómico y Local) rara vez reconocen su culpa independientemente que lleven ¡30 años! votando a los mismos partidos políticos.

La disociación es total y tiene unas consecuencias muy claras.

Una de ellas es que el ciudadano no se siente responsable de lo que pasa en su país.

Usemos dos ejemplos para empezar.

El primero **el ejemplo de los tahúres** y la partida de cartas y el dinero pedido prestado a la banca mientras se juega la partida.

Vean estos ejemplos que recuerdo haber leído en alguna parte de la red:

Ejemplo 1:

Imagínense una partida de tahúres. Un grupo de jugadores de cartas que están jugando una partida. Están jugando con dinero. El dinero que está en juego es dinero prestado por la banca.

De momento toda va bien. Gente rodea la mesa y les incita a jugar. Busconas y buscones se acercan ante los potenciales triunfadores que están jugando en la mesa, y hasta algún periodista se acerca a tomar fotos ante el magnífico espectáculo y les dora la píldora a los tahúres remarcando lo hermoso del espectáculo que estamos viendo en su mesa para que sigan jugando y así tener más material con el que trabajar.

Los tahúres lo están pasando bien, parece que cualquiera puede ganar en la partida por lo que deciden pedir más dinero a la banca para subir las apuestas.

Sin embargo la partida no acaba de la forma que esperaban. Sus expectativas se hunden al final y el dinero apostado acaba en manos de un jugador que decide retirarse de la partida antes de lo esperado. Los otros jugadores han sido desplumados y se llenan de rabia y resentimiento.

¿A quién van a culpar? Los perdedores culparán a 3 sujetos de su desgracia:

- A la Banca por haberles prestado el dinero.
- A la gente que les rodeaba y les jaleaba a seguir jugando.
- A los políticos por permitir que les prestasen tanto dinero o simplemente que permiten ese tipo de partidas.

Pero visto desde fuera ¿Quién es el que será señalado como culpable por la mayoría de la gente?. En efecto, serán los propios tahúres los que serán señalados como los culpables. En el caso de la burbuja inmobiliaria al final el que será reconocido como culpable por todos es el jugador de la partida, es decir, el que compró la casa durante el proceso.[6]

---

[6] Encima de cornudo….apaleado.

El segundo ejemplo es el de las prostitutas traídas a España.

Es un ejemplo fácil de comprobar. España es el país occidental con más prostitutas per cápita, usted puede ir a su ciudad a comprobar en los puntos calientes, en los clubes y en multitud de sitios la cantidad de prostitutas de fuera que hay en España. En prensa se recogió que la horquilla estimada de prostitutas en España era igual que la de Alemania, siendo Alemania un país con casi el doble de habitantes que España.

Una parte de éstas prostitutas son traídas a España y toda Europa a través de redes de trata de mujeres. Son mujeres que vienen engañadas con falsas promesas de trabajo que no existen. Cuando llegan lo que hacen sus explotadores proxenetas es asignarles una deuda que han de saldar para recuperar su libertad. Es así como se les esclaviza. La deuda esclaviza a las personas, con deudas es **imposible** ser libre, por mucho que les pese a ciertos idealistas la libertad consiste en la capacidad de elección, si no puedes elegir por no tener dinero no eres libre, si no puedes satisfacer tus necesidades básicas porque estás pagando una deuda no eres libre y además este problema se agrava si aumentas la deuda. Los españoles no han entendido que deuda es esclavitud. ¿Qué pasa cuando la deuda se contrae de forma voluntaria canalizada a través de pisos? Los españoles vamos a saberlo los próximos años.

Teoría: La conspiración Alemana para acabar con Francia.

Esta es una teoría acerca de la integración europea.

Es evidente que Europa es una creación que es imperfecta y que tiene mucho camino que recorrer si se quiere llegar a conseguir algo parecido a unos Estados Unidos de Europa.

Europa tiene sus propias instituciones como La Comisión, El Parlamento Europeo, Los tribunales de Estrasburgo y de Cuentas, el Consejo de Europa y El Consejo Europeo.

Europa además tiene moneda propia: El Euro. Para unos una suerte de marco reforzado que no ha llegado si quiera a todos los países.

Europa tiene además su presupuesto, que es el 1% del PIB. Un presupuesto raquítico para muchos que encima se gasta mayoritariamente en la Política Agraria Común (PAC), En los funcionarios de Bruselas, en los fondos Estructurales y en los de Cohesión

Lo que Europa no tiene es un tesoro propio, ni un sistema de aduanas como tal aunque las aduanas se encuentran integradas.

Tampoco hay un ejército propio, aunque ha habido intentos de crear su germen.

Europa tiene una barrera lingüística enorme y es un continente que guarda en su ADN la memoria de muchos conflictos y rivalidades que supuestamente se deben solucionar al formar la propia Unión Europea.

Según esta teoría el choque que hay entre las concepciones francesa y alemana no son más que el choque entre los confederados europeos y los federales europeos en la creación de los Estados Unidos de Europa.

Lo mismo pasó en EEUU solo que allí se saldaron las diferencias en una guerra civil entre el norte federal y el sur confederal.

El eje Franco-Alemán es el corazón de Europa. Sin ellos no habría sido posible la UE. Por lo que esta cuestión es fundamental de cara a decidir el futuro de la propia organización.

Desde su creación Alemania por motivos evidentes ha sido un país mutilado en lo político, el peso ser repartió entre los dos países, por un lado Francia tomaba la iniciativa política e intelectual de la construcción europea y por el otro Alemania iba purgando sus pecados y ponía el dinero para la unificación del continente. Este equilibrio ser rompió tras la crisis de 2008 cuando Francia se mostró incapaz de seguir la estela alemana y a los alemanes les tocó, sin querer y con una canciller muy poco carismática fuera de sus fronteras, liderar el proyecto europeo y financiarlo.

Según la teoría del choque Federales-Confederales Francia representaría la visión más nacional y confederal, buscando ser una suerte de Estado-nación integrado en una supraestructura europea. Mientras que los alemanes representarían la visión Federal buscando que el sujeto político dejase de ser el Estado-nación y se delegase el poder a las instituciones europeas. Esto chocaría frontalmente con varios países, especialmente dos: Francia y UK. Como UK nunca ha estado realmente dentro de la UE sino que ha estado "pegado" a la UE por conveniencia y estaría fuera del núcleo duro no se le consideraría como actor influyente en este aspecto sino que habría que tener en cuenta su integración con los EEUU con quien comparte intereses monetarios contra el euro europeo y el poder financiero incipiente de Frankfurt frente a la City londinense. El actor principal al choque de la Europa federal sería Francia. Francia sería el país que no estaría dispuesto a ceder más competencias a un gobierno supranacional europeo lo cual estaría creando que la Unión Europea no pudiese ir adelante s y daría más de un quebradero de cabeza a todos los sectores más europeístas que recelarían del nacionalismo francés.

Según esta teoría los alemanes y los altos mandos europeístas habrían desarrollado un plan a medio plazo para hacer entrar a Francia "en vereda". El plan sería ir tumbando económicamente una a una las piezas más débiles del eslabón hasta que Francia se viese envuelta en una situación de crisis que le superaría y le obligaría a caer en brazos de Europa como salvación a través fundamentalmente del dinero alemán.

Para eso primero habría que endeudar a las economías periféricas del sur con una deuda que no se pudiese pagar nunca y obligarles a ir entregando poco a poco todo lo considerado de provecho por los altos mandos del núcleo duro europeo y alemanes. "las joyas de la abuela" tendrían que ser vendidas en un proceso de pancapitalización[7] europea dando pie a gigantes europeos en sus respectivos sectores. Las "telefónicas", "Repsoles" "Iberdrolas" etc etc acabarían siendo vendidas como precio a cambio de condonar las deudas.

Así uno tras otro irían cayendo las piezas desde la más débil hasta llegar a Francia. Primero Grecia, luego Portugal, Irlanda, España, Italia algunos países menores también, quizás Bélgica si fuera necesario y finalmente Francia.

La técnica de dar préstamos que luego no se puedan pagar para quedarse con todo lo que posee uno no es nada nueva. En Europa se lleva haciendo siglos. El que se endeuda tiene el riesgo no solo de quedarse sin nada, sino de convertirse en un esclavo de por vida. Eso lo hemos aplicado en Europa muchas veces y también en las antiguas colonias. Según esta teoría la deuda habría sido inducida y artificialmente creada para arruinar a los países del sur, con el añadido que en el sur los habitantes de esos países hemos caído voluntariamente, con un entusiasmo sin parangón y hemos mordido

---

[7] Esto es inevitable que pase, pronto veremos grandes colosos empresariales europeos para competir con los americanos y asiáticos.

el anzuelo con toda la fuerza que hemos podido. Eso si, el objetivo no serían los países del sur en sí mismos sino Francia para poder constituir los Estados Unidos Federados de Europa. Por lo tanto bastaría con que lo que pasase en el sur de Europa no hiciese daño al plan original aunque el desempleo supere el 30% o haya hambre y algún muerto por conatos de rebelión o por no poder atenderles sanitariamente de forma correcta.

Teoría: La guerra Euro- Dólar

Según esta teoría EEUU acompañado de UK y Japón como países satélites al dólar estarían en medio de una guerra monetaria contra el Euro. EEUU acompañado de su bloque estarían tomando una serie de acciones para acabar con el euro ya que el euro sería una amenaza para la hegemonía del dólar y el control del intercambio de petróleo en dólares.

Nótese que todo país que cuestiona la compra-venta de petróleo en dólares acaba muerto y su país invadido. Libia e Irak tenían estos dos puntos en común. Hay más países que también quieren pasarse a otras divisas para la compra venta de petróleo. Venezuela e Irán también irían en esta línea. El gran interrogante con respecto al futuro sería China.

El dólar y la libra actuarían conjuntamente contra la unión monetaria europea y se atacaría al euro desde:

-Sus medios de comunicación.

-La todopoderosa CITY londinense, que además temería especialmente el proyecto de integración europeo pues el bloque continental, con Alemania a la cabeza, buscan una alternativa a su poder financiero en la ciudad de FRANKFURT.

-La Reserva Federal (FED) y el Banco de Inglaterra (BoE) que estarían por monetizar deuda (imprimir billetes) para pagar las deudas estratosféricas de EEUU y UK generando toda la inflación que fuese posible en un momento determinado del futuro tras una fase de compra de bonos con el dinero imprimido que aún no habría llegado a la economía ordinaria y no habría producido inflación. Este sería el pilar de choque que explicaría la austeridad europea. La política de austeridad del EURO no buscaría más que estar lo menos endeudado posibles para que cuando EEUU y UK empiecen a inflacionar a toda velocidad por el dinero que están imprimiendo, se empobrezcan, pierdan competitividad y se encontrasen en riesgo real de colapso de sus monedas, sustituir sus monedas por el EURO como divisa de referencia internacional o bien en una bolsa de monedas que tuviese como núcleo fundamental al EURO o bien el EURO como sustituto total del dólar como divisa internacional y como fuente de ahorro mundial..

EEUU y UK apretarían a los países periféricos y alimentarían las tensiones territoriales europeas desde la prensa y favorecerían la expansión de la UE a toda a costa a países como Turquía para debilitar la UE y al eje franco europeo.

Según esta teoría EEUU y UK están por colapsar y Europa a medio plazo gozará de las ventajas de haberse sacrificado estos años. Al bloque EEUU-UK les interesaría al máximo lastrar a los países europeos y la moneda única a través de la deuda durante generaciones, por ese motivo desde allí se critica desde todos los bandos la política de austeridad europea.

EEUU y UK muy posiblemente acabarían teniendo un proceso hiperinflacionario que destruiría sus economías, los ahorros de la gente y su posición hegemónica en el mundo que llevan ocupando desde que UK es imperio desde el siglo XIX.

Para algunos, al final de la partida el dólar tal y como lo conocemos estaría muerto y habría que crear una nueva moneda. Los más conspiranoicos hablan del AMERO, una moneda que sustituiría al dólar de EEUU y a las monedas nacionales de Méjico y Canadá creando una especie de moneda panamericana igual que el euro es una moneda paneuropea.

España a la cabeza de...

Todo análisis económico y social debe tener en cuenta que todas las ecuaciones económico-financieras están contaminadas por la burbuja inmobiliaria, por la deuda derivada de ella, por los intereses que se derivan y por la accesibilidad de la vivienda de la masa mayoritaria de población que está altamente endeudada por el ladrillo.

Veamos unas curiosidades:

Esta es una prueba muy sencilla. Métanse en Google y tecleen "España a la cabeza de" y vean los resultados.

Les advierto que el resultado en 2013 no es el mismo que en los años del pico de la burbuja.

España cambió en estos años y google cambió el algoritmo de búsqueda en abril de 2012 (a peor para nuestro caso porque muestra menos resultados en autocompletar)

Aún así fíjense bien.

Casi todo es negativo o muy negativo si no es anecdótico.

Haciendo esta prueba en 2013 los primeros a destacar son:

-España a la cabeza de la UE en pobreza infantil.

- España a la cabeza del fracaso escolar y desempleo juvenil.

-España a la cabeza de operaciones de estética en Europa.

-España a la cabeza de Mega.

-España a la cabeza de Europa de las marcas en interacciones con las redes sociales.

-España a la cabeza de la UE en riesgo de adicción por abuso de las redes sociales.

-España a la cabeza del paro de la OCDE.

-España a la cabeza de Europa en aprendizaje de chino.

-España a la cabeza de la UE en consumo de cannabis y cocaína.

-España a la cabeza de crecimiento de número de abortos en la UE.

-España a la cabeza de número de ciclistas muertos.

-España a la cabeza de la UE en riesgo de pobreza.

Eso es lo que podemos encontrar en los primeros 20 resultados.

Piensen por sí mismos y vean la relación que hay entre esos puntos que acaban de leer y nuestro modelo productivo.

El modelo productivo es la base de la sociedad de la que depende todo lo demás. Esta afirmación es marxismo básico. La supraestructura (überbau) es dependiente de la infraestructura (basis). Dicho para los que no lo entiendan.: Todo dependen del sistema económico-productivo que tengas. La organización política, la educación, el arte, las relaciones sociales, etc.

Ya vimos como funciona el modelo económico español (ladrillo- consumo interno- ayudas europeas- turismo). Vea bien los resultados que nos muestra google con ese modelo: un país de vergüenza. Es curioso lo de las redes sociales. Aunque google no lo muestra de primeras, España en 2013 está a la cabeza de Europa en el número y uso de smartphones y tablets. Solo hay que fijarse en los menores de edad y el acceso brutal que tienen a estas tecnologías nada baratas. No se engañen, esto es así por el sistema de telecomunicaciones que tenemos en España y la actitud peculiar de muchos padres. Hay alumnos de primaria con smartphones mejores que los de sus profesores. Esto de las telecomunicaciones es otra cosa que Europa nos dijo que no podía seguir así, que es muy caro y que estamos subvencionando las terminales con tarifas altas que pagan todos los usuarios. Se nos dio un plazo que se incumplió y hubo 2 moratorias después. ¿Hay intención alguna de bajar las tarifas? No ¿hay intención alguna de avanzar en la devaluación interna?.Otro ejemplo que no, que la devaluación se contempla solo como una bajada de salarios para competir como chinos.

En los años de la burbuja el autocompletar de google ofrecía más resultados. Al menos así lo recuerdo yo.

Sin embargo han destacado siempre varios puntos fuertes en lo que España ha estado a la cabeza para mal:

-Educación: abandono escolar, falta de formación profesional, exceso de universidades, baja calidad de la enseñanza en las mismas.

-Consumo de drogas. Líderes mundiales desde hace décadas.

Ahora hagan otro tipo de prueba. Busquen por ejemplo "Suecia a la cabeza" o "Suiza a la cabeza", dos países que funcionan mucho mejor que España y que deberían ser un modelo a imitar si quisiésemos mejorar realmente nuestra economía y nuestro bienestar. En Suiza abundan las noticias buenas y muchas anecdóticas, en Suecia lo que abundan son resultados con noticias positivas mezclados con infinidad de enlaces a noticias deportivas (sobretodo relacionado con el futbolista Ibrahimovic). Pero no aparece ningún enlace de carácter negativo que pueda asemejarse al resultado español. Queda en evidencia que el algoritmo está orientado a las preferencias de los usuarios del país que buscan. En España el fútbol (y por extensión el deporte) y los canales de televisión con dueño italiano han hecho mucho daño. Como dice Borja Mateo ante la actitud de los españoles en la burbuja, "menos fútbol y gran hermano y más preocuparse por su dinero".[8]

---

[8] No es literal

Se puede hacer la búsqueda al revés, es decir, buscando "España a la cola".

Ya se imaginarán sin haberlo hecho que los resultados son desoladores y se redunda en lo mismo, en las mismas flaquezas que tenemos por el sistema que nos hemos dotado en los últimos años que están contaminados por lo inmobiliario y el sistema productivo raquítico que nos ha dejado:

Destaco los resultados obtenidos a principios de 2013 para que los comparen en los años futuros:

- España a la cola en control de déficit y acceso al crédito.
- España a la cola en igualdad (curiosamente no es una noticia sobre la igualdad entre hombres y mujeres sino sobra la igualdad entre inmigrantes).
- España a la cola en el panorama educativo.
- España a la cola de venta de música digital.
- Muchos enlaces a Coca-Cola que mete el algoritmo.
- España a la cola en cuanto número de registro de patentes. (los españoles inventamos lo de "que inventen otros").
- España a la cola de penetración de fibra óptica (para qué si nos dedicamos a turismo y hacer casitas)
- La población española a la cola de la UE en nivel de estudios (se incide mucho en los jóvenes pero no se quiere solucionar el problema de tener gente mayor con formación muy baja).
- Y rematamos con un enlace a una noticia en la que España está a la cola en gastos en fichajes de futbolistas.

El retrato del país que sacamos de esto es: una gente sin estudios, que no paga por nada si puede, que no inventa nada y que no necesita la tecnología.

Será algo sesgado y simplista, pero a veces reduciendo al ridículo una situación se puede tener una mejor perspectiva. Juzguen ustedes con amplitud de miras y piensen cuantos españoles son así.

Qué es una burbuja.

De forma introductoria para aquellos que no saben muy bien qué es una burbuja:

Una burbuja es un proceso. Es decir, dura años y tiene varias fases. No piense usted en términos de inmediatez o de blanco y negro. Abra la mente.

Una burbuja es un proceso que se prolonga durante años, durante el cual el precio de un bien se dispara brutalmente por encima de su valor real y que acaba estallando produciendo que el precio vuelve a su lugar de origen natural y arruina a multitud de personas que se vieron atraídos por la subida espectacular del precio del bien durante años hasta que dicho bien explotó y pasó a valer poco o casi nada.

Un ejemplo inventado. Una burbuja de un bien que usen todos los días, piensen el que quieran, en comida o ropa por ejemplo. Yo voy a usar como ejemplo las zapatillas.

El calzado es algo que usamos todos los días así que se podrá entender bien este ejemplo por su cotidianeidad. Hay ejemplos mejores y más técnicos en la red. Esto está pensado para que el que no sepa se haga una idea tenga curiosidad y se informe mejor.

Empecemos con el ejemplo de las zapatillas.

Por el motivo que sea la gente empieza a comprar zapatillas y su precio empieza a subir porque la demanda es creciente, la gente sigue comprando y más allá de su uso se las empieza a ver como una "inversión". ¿por qué?. Porque las zapatillas suben de coste mucho, mucho más que ningún producto, por lo tanto la gente empieza a considerarlas un patrimonio que puede vender luego y ganar dinero.

Como la gente ve que los precios suben cada vez más porque cada vez hay más demanda compran aún más zapatillas por lo que el proceso se retroalimenta y se inicia una escalada de compra-venta de zapatillas y de fabricación de las mismas.

La gente común aprecia que se está ganando mucho dinero con las zapatillas y no quiere ser menos que su vecino. Así que también compran las zapatillas que pueden. Muchos empiezan a pedir créditos para comprar zapatillas porque "las zapatillas siempre suben de valor", "es una patrimonio", el negocio de las zapatillas " va para arriba" y si va mal la cosa uno siempre puede alquilar las zapatillas a otro o venderlas. Hasta que llega un punto en que las ventas se paran. Entonces empiezan a bajar los precios de las zapatillas rápidamente hasta que al final vuelven a valer lo mismo que al principio. La burbuja es devastadora por dos motivos:

-La gente se gasta casi todo su dinero en comprar zapatillas. Se destruye el resto de la economía porque la gente prefiere comprar-vender-hacer zapatillas antes que otra cosa.

-La riqueza generada es falsa. Una vez terminado el proceso las zapatillas cuestan lo mismo que al principio. Quien compró durante la burbuja compró más caro y pierde la diferencia. El problema más grave son los endeudados. El patrimonio que tienen es falso pero la deuda es real, encima tiene intereses añadidos que pagar y se ha destruido el resto de la economía por comprar zapatillas por lo que el desempleo se dispara y la posibilidad de generar riqueza para pagar la deuda es muy escasa.

Esto es de forma muy básica una burbuja. Piénsenla ustedes con otros bienes por ejemplo: arroz, energías renovables, plata, con tulipanes o con viviendas. Los elementos básicos en todas las burbujas son similares a la inmobiliaria solo que ésta última tiene dos características añadidas fundamentales: es inter-generacional y es un bien imprescindible para vivir.

La burbuja es inter-generacional porque hay una ruptura entre generaciones donde una es ganadora del proceso y las siguientes perdedoras. Una generación que consiguió la vivienda barata se enriquece a costa de las siguientes vendiéndola muy cara. La compra se hizo con deuda traída del futuro dejando arruinada a no menos de 3 generaciones de españoles. Se va a ver en el día a día los próximos 30 años.

El alza del precio de la burbuja es un elemento **especulativo**. La especulación es uno de los pilares de toda burbuja. Especuladores hay de muchos tipos aunque socialmente se representa mentalmente por los españoles a los especuladores con la imagen del señor de "sombrero de copa y puro" la verdad es que especulador puede ser su vecino, su hermano, o usted mismo cuando ha comprado una vivienda con la idea de venderla después y sacarse un buen pico.

En los 90 ya se denunciaba, pero la llegada del euro trajo la segunda alza explosiva de la burbuja y se popularizó de tal forma que se ahogó toda voz crítica. Pinchada la burbuja la ecuación de intereses de la población es totalmente perversa. A la gente le interesa que la vivienda suba de precio porque ha sido su principal forma de ahorro e inversión. El patrimonio de los españoles está fundamentalmente invertido en vivienda y hay unas expectativas de heredar viviendas y locales de los padres que componen la generación triunfadora (generación T). Hay familias donde literalmente se está deseando que se mueran los padres para heredar el patrimonio inmobiliario.

Hay unos 3 millones de familias directamente afectados por haber comprado viviendas a coste muy superior a su valor real. Las comprar más caras fueron durante los años 2000-hasta la actualidad. Lo peor de todo eso es que no hay familia en España que no esté afectada pues todo el mundo tiene familiares, amigos, conocidos, jefes en su empresa que han comprado en los años duros de la burbuja. La generación más numerosa, el grupo de población más grande con diferencia son los treintañeros-cuarenta y pocos (baby-boomers), que por razones biológicas han entrado ya en la fase de la vida en la que tienen que disponer de una familia para poder hacer su vida y formar una familia. Debajo la población se derrumba, hay un 38% menos de veinteañeros que de treintañeros, **la demanda de**

vivienda se va a hundir por causas demográficas los próximos años.

Al final el clima imperante es realmente malo porque lo que ha dejado es una cantidad enorme de gente resentida a la que se le manipuló e indujo a error, compró una vivienda mucho más cara de su valor real y van a querer resarcirse.

Es una estafa y un timo. Todo timo se basa en un punto de codicia que avergüenza al timado y que genera un gran resentimiento contra todos. En el caso de la burbuja inmobiliaria en España el timador lo está aprovechando y está dirigiendo todo ese odio a otras partes para que pase desapercibido que el dinero de la burbuja sigue aquí, que está bien guardado, que es un dinero sucio y que no saben qué hacer con él salvo asegurar el bienestar a sus descendientes mientras los hijos del vecino y su país se va a la ruina.

El mejor ejemplo es el timo de la estampita. Inmortalizado por el gran tony leblanc en la película "los tramposos". El "tonto de las estampitas" tima a un hombre movido por la avaricia convirtiéndole de tal forma que "el tonto de las estampitas" pasa a ser el timador y no el timado. En España somos el país de los "tontos de los pisitos". El despertar está siendo duro. Quedan años para que haya plena consciencia de ello. Lo que hay que tener claro es que el dinero de la burbuja no se ha evaporado como nos quieren hacer creer sino que los tienen los ávidos promotores y vendedores de pisos a buen recaudo en sus cuevas. Si hay que dirigir el odio y el resentimiento contra alguien es contra los que nos engañaron con el precio de la vivienda y tiene el dinero. Todas las distracciones que hay contra los bancos, los políticos y el del carrito del helado tienen su punto de razón pero no van a solucionar ningún problema, el problema se soluciona haciendo sacar el dinero a quienes lo tienen para ponerlo al servicio de la economía ordinaria para que se genere empleo y se paguen impuestos.

Las burbujas tienen más características:

-Se inflan más tiempo del que la gente espera.

-Al final estallan por mucho que se niegue su fin.

Ha habido multitud de burbujas económicas a lo largo de la historia de la humanidad, pero es importante destacar cinco:

1) La burbuja de los tulipanes de Holanda.

2) La burbuja de las ".com"

Y por la cuenta que nos trae dos más:

3) La burbuja inmobiliaria de Japón.

4) La burbuja inmobiliaria de EEUU

Y la más grande de la historia:

5) La burbuja inmobiliaria de España.

La burbuja más conocida es la de los tulipanes. Sucedió en el siglo XVII, acabó estallando en 1637. Fíjense bien como se cuenta una burbuja que ha pasado para que vean como se contará la nuestra en el futuro:

> En la burbuja de los tulipanes la gente se volvió loca y se dedicó a comprar y comprar bulbos de tulipanes que no paraban de subir de precio por la demanda que había. El precio de un tulipán llegó a superar 6 veces el ingreso medio anual de los holandeses. Al final desaparecieron los compradores y todo el mundo se desesperó por vender sin éxito, muchos ciudadanos holandeses se habían endeudado para comprar tulipanes. Los precios cayeron en picado y

las bancarrotas se sucedieron afectando a todas las clases sociales. Al final la economía Holandesa entró en bancarrota.

Hay mucha información acerca de la burbuja de los tulipanes. Una peculiaridad que a muchos nos enseñaron en la facultad en su momento pero que se ve que se olvidó por el desastre que vino después. Ahora cambien "tulipanes" por "viviendas" y el "6 veces el ingreso medio anual" por "12 veces el ingreso medio anual" y tienen ustedes la burbuja inmobiliaria española y moviendo un poco los números las de EEUU, Irlanda y las no reconocidas en otros países como Grecia, Portugal, Francia, Holanda y China[9] que también serán estudiadas en el futuro aunque como algo menor comparado con el caso español.

El toda burbuja hay 4 "culpables" (en términos de PPCC, véanlo más adelante).

-Jugadores. (Los que compran y venden)

-Reguladores. (Políticos)

-Comunicadores. (Periodistas)

-Banca.

Volvamos al caso holandés en el siglo XVII. Ha sido una aproximación ligera pero suficiente para que lo entienda cualquier persona mínimamente espabilada.

¿Quiénes fueron los culpables de le burbuja holandesa?.

Pues los 4 que hemos puesto arriba. Los bancos por prestar dinero a la gente para comprar tulipanes y no haber parado eso, la prensa del momento[10] que no sólo no denunciaba el riesgo que había al comprar tulipanes sino que fomentaban la compra venta de tulipanes diciendo lo rentable que era el negocio (hasta un 500%), los políticos que no regularon el mercado para que no se diesen

---

[9] PPCC dice que lo de china no es una burbuja inmobiliaria, otros discrepan sobre esa cuestión.

[10] No hay comparación con la de ahora. Es algo prácticamente irrelevante en la burbuja del tulipán holandesa.

operaciones tan especulativas con los tulipanes y los que compraban y vendían los tulipanes por haberse metido en ese proceso.

¿Quién ha pasado a la historia como culpable?. Esta es la mala noticia: siempre pasa a la historia el mismo. "los jugadores" pero además recae solo en los que compraron y se vieron atrapados y arruinados por la misma. La mala noticia de todo esto es que los culpables de la burbuja actual en unos años, sobretodo visto desde fuera, van a ser los que compraron los pisos, las naves, los locales y se arruinaron en el proceso.

Esto es algo durísimo, pero va a ser así internacionalmente. Más vale que nos preparemos para ello lo máximo posible porque el golpe va a ser difícil de encajar, como decimos en España: "encima de cornudo, apaleado".

Terrorífico.

Hagamos un salto en la historia y situémonos en el siglo XX. Hablemos de otra burbuja, la de las "puntocom".

Punto de partida: La primera guerra del golfo. Año 1990. Tenía yo entonces 11 años, recuerdo ir en el coche con mis padres de vacaciones, repostamos en una gasolinera, el precio de la gasolina súper fue de o 78 pesetas.. En el momento de escribir estas líneas la súper está a no menos de 244 pesetas en Madrid (1.46 €), el triple. La guerra del golfo encareció el precio de la gasolina enormemente, en octubre de 1990 la súper batió récords y pasó a costar 95 pesetas frente a las 78 el verano.[11] La economía a finales de los 80 no había ido muy allá que digamos y EEUU se metió en una guerra que pagaron "sus socios" que, entre otras cosas, podía reactivar su economía. (War for Oil) No fue así. Los años siguientes de los 90 se profundizaba en la caída del muro de Berlín y países occidentales como el nuestro tuvimos una crisis bastante gruesa, recuerdo las pintadas en las paredes del paseo de Extremadura que decían "Barcelona 92-Crisis 93" a modo premonitorio como así fue al final.

---

[11] Leído en El País.

El modelo-patrón de crecimiento adoptado dentro del capitalismo muestra síntomas de agotamiento o dudas. A finales de la década, en 1997, los "tigres asiáticos" entran en crisis y cierto pánico llega a occidente sin embargo algo parece que puede hacer resurgir la economía: internet y el negocio de las puntocom.

Internet se desarrolló muy rápido, fue justo a partir de 1999 cuando recuerdo que en España hubo un acceso masivo a Internet a través de esos módems de 56k con los que se cortaba la conexión a internet si alguien te llamaba a casa.

En EEUU muchas empresas entraron en el negocio de internet, bastaba con poner el prefijo e- o acabar en .com el nombre de la empresa para que ésta se disparase en bolsa. La burbuja que se formó fue brutal y al final acabó estallando porque detrás no había más que humo. Se perdieron miles de millones de dólares y EEUU quedó noqueada.

En España se habló mucho de la burbuja de las .com. Pero esos años empezaban a ser los del "España va bien" y como el país estaba "creciendo" en plena burbuja inmobiliaria no se le dio importancia. Uno no piensa que las desgracias de otros países le pueden afectar cuando a uno le va bien. Es un error muy grave. El mundo es global y los españoles tenemos un punto de soberbia en los escasos momentos en que las cosas nos van bien. Los problemas económicos de un país acaban afectando a todos tarde o temprano. Hay un halo de invencibilidad e inmortalidad cuando tu economía crece y te permites ignorar o regodearte de los demás si les va mal. En España estuvimos en esa fase de actitud durante más de una década, ahora que vamos mal son otros países los que despliegan esa arrogancia ignorante, los latinoamericanos y los asiáticos verán acabarse su ciclo y se pondrán de manifiesto los errores de sus economías. Desde la incipiente burbuja inmobiliaria China hasta el modelo con pies de Barro de Brasil y los países primarizados de Latam[12] (empezando por Argentina). Cinéfilamente hablando y citando a esa gran

---

[12] LATAM=Latinoamérica.

película "La Haine", lo importante no es la caída, es el aterrizaje, cuando la gente realmente se da cuenta que estaba equivocado y acaba por bajar a la tierra.

La burbuja de las .com dejó tocada a EEUU y se optó por hacer lo peor que se puede hacer para una economía: bajar los tipos de interés brutalmente "para reactivarla". Que el dinero sea casi gratis tiene muchos adeptos, pero un dinero tan barato siempre produce burbujas y acaba siendo casi siempre un tipo de interés real negativo. Es decir, que es más rentable pedir un préstamo que ahorrar por lo que la gente acaba endeudándose y se acaban generando burbujas en las que se canaliza todo el dinero que se ha pedido prestado. En EEUU se formó su burbuja inmobiliaria que acabó estallando con la crisis de "los derivados" una cortina de humo para tapar que el origen de la crisis ha sido totalmente inmobiliario.

La burbuja inmobiliaria de Japón.

Siendo el origen de la crisis una burbuja inmobiliaria colosal lo mejor es aproximarse a la burbuja inmobiliaria japonesa por dos motivos:
- Es reciente en el tiempo (años 90).
- Es inmobiliaria al igual que la española.

Se habla de la década perdida de Japón. Estos últimos años ya se está empezando a hablar de las *décadas perdidas* de Japón. Una década de no-crecimiento no ha servido para compensar las pérdidas de la burbuja inmobiliaria, se hablan de dos décadas en uno de los países con una deuda pública más alta del mundo. En agosto de 2012 la deuda pública de Japón era 13 veces mayor que la española. Japón tiene una deuda pública del 220% del PIB. Tras pinchar la burbuja española, la deuda privada está siguiendo el camino de convertirse en pública y ese diferencial se ha acortado.

Pero Japón es un país endeudadísimo con una diferencia con respecto a España: los japoneses tienen su deuda porque han podido comprársela ya que son ahorradores (los españoles no), ricos (los españoles ni por asomo) y exportan más de lo que importan (España.... Ni de broma).

La burbuja japonesa se infló muy rápido. El precio de la vivienda se disparó brutalmente en unos pocos años con subidas superiores al 10% anual (como en los mejores años de la burbuja española). Hay mucha información al respecto. Me quedo con un dato encontrado en internet: el valor de las propiedades inmobiliarias entre 1955 y 1989 se multiplicó por 75. El aumento más grueso se dio, como no podía ser de otra forma, en los 80, en plena alza expansiva de la burbuja.

La gente se lanzó en cascada a comprar con la idea de que los precios de la vivienda no podían bajar nunca, que era la mejor inversión posible, ningún producto podía ofrecer una rentabilidad superior a la que ofrecía la vivienda en Japón. ¿les suena?. En España ha pasado lo mismo. Si pudiésemos viajar al pasado y contarle a la gente lo que iba a pasar en el futuro encontraríamos humillación pública, mofa, escarnio y violencia contra el contenido del mensaje que denunciase una burbuja inmobiliaria, crisis y bajada brusca de precios. Decir lo que va a pasar en el futuro no es nada malo por mucho que la gente aplique la represión o quiera matar al mensajero.

El precio del metro cuadrado en Japón parece ser que anda por los 820 € m/2, en Tokyo el m/2 se dispara y supera los 3.300 €/m2, llegando en zonas a alcanzar el coste de 13.000 €/m2. Durante la burbuja en Tokio el metro cuadrado llegó a costar 1 millón de dólares. Fíjense bien en la diferencia entre costo y valor. El metro cuadrado podría costar un millón de dólares, pero realmente no lo valía.

En multitud de gráficas se puede ver la evolución de los paradigmas que tiene una burbuja, son fases que son conocidas desde hace tiempo y que han sido estudiadas muy especialmente desde el caso de Japón, el problema principal está en cómo llegar a la gente común sabiendo que muchos van a "morir con las botas puestas" y no van a aceptar la realidad que se impone. Esta es una de las grandes incógnitas: cómo comunicarlo porque no se puede razonar con quien defiende dogmas de fe y en España, que somos país hidalgo, somos muy de eso. Lo mejor es enseñar los datos, esperar que el tiempo pase y suceda lo que tiene que suceder para enseñar a los que si pueden aprender y si quieren escuchar. Por desgracia no hay más sordo que el que no quiere oír y en España estamos en fase de negación todavía.

El caso es que Japón no se ha recuperado de su burbuja inmobiliaria. Lo cierto es que es un país que no termina de arrancar de nuevo y al que el accidente de Fukushima les ha dado una puñalada de la que difícilmente se repondrán. En youtube hay un documental extraordinario que recomiendo a todo el mundo: "La batalla de Chernóbil" emitido en su momento por la2 de TVE. En el documental sale Mijaíl Gorbachov y reconoce el coste que tuvo solucionar el gravísimo problema de Chernóbil. El coste fue tan alto que influyó directamente en la caída de la URSS. No hay economía que pueda encajar un accidente nuclear si lo sumas a problemas económicos ya existentes. La URSS ya los tenía, Japón los tiene también: el colapso de su burbuja inmobiliaria y la feroz competencia China. Con respecto a Fukushima: silencio total. Hay apagón informativo.

Japón mantuvo sus tasas de empleo. Con una estricta política de inmigración cero, y con una emisión de deuda para compensar las pérdidas de los bancos. El sistema japonés es mucho más complejo y no es homologable al español. Es mejor que nos centremos en la burbuja española pero unos conocimientos básicos de la burbuja japonesa son muy útiles. Como un país con formación y tan trabajador pudo caer en una burbuja inmobiliaria es un buen ejemplo del largo camino que nos queda por recorrer.

La burbuja inmobiliaria en EEUU.

Actualmente las propiedades inmobiliarias en Japón cuestan de media la mitad que en su cima de 1991, en el mismo ha habido descensos del 80%, mientras que en el mismo período los precios en Estados Unidos se han triplicado, llegando a alcanzar unos niveles de unos 16 billones de $.

La burbuja de EEUU es muy importante. Su estallido supuso el estallido de la nuestra (y la de alguna más como la de Irlanda). Mucha gente culpa erróneamente a EEUU de la crisis española pues considera que la crisis nuestra viene de los derivados financieros de EEUU. Los derivados no son más que una consecuencia de la burbuja inmobiliaria que lo ha complicado todo aún más pero la causa de que haya derivados son las hipotecas "subprime" que se dieron en su momento. Mezclarlas, revenderlas y crear figuras para asegurarse el ganar dinero en pérdidas por parte de los operadores financieros no fue lo que creó la deuda, fue lo que la agravó, pero la semilla de la crisis estaba en las deudas particulares a través de la vivienda como motor de consumo-ahorro-inversión que había, y sigue habiendo, en Estados Unidos.

Citando a PPCC: "toda crisis económica es una crisis financiera. Todo modelo-patrón de crecimiento económico muere por ahogo financiero", "decir que una crisis económica es una crisis financiera es lo mismo que decir que una enfermedad es un problema de salud".

Esto es por "los derivados" y las hipotecas "subprime".

Uno se harta de escuchar en España que la crisis es una crisis financiera. Como bien ha dicho nuestro particular icono de internet eso no nos dice nada. Lo importante es saber que produce la crisis financiera. En este caso son **Las hipotecas** de la gente y de los inversores atraídos por el alza de precios en la burbuja.

La burbuja inmobiliaria EEUU se creó con el pinchazo de la burbuja de las puntocom y la bajada de tipos salvaje que llevó adelante la Reserva Federal (FED). Un tipo de interés bajo fomenta la creación de burbujas, puede haber más de una burbuja simultáneamente en un mismo país. Se habla mucho de la segunda burbuja de las puntocom y de la locura del valor que se le otorga a estas empresas.

A la burbuja inmobiliaria de EEUU se le añadió la creación de paquetes donde se mezclaban las hipotecas que ofrecían mayor seguridad de cobro con las que no ofrecían garantías, las famosas hipotecas subprime. Y esos paquetes eran vendidos y revendidos dando la vuelta por todo el mundo sin saber donde estaban. Como las hipotecas subprime son impagables esos paquetes se volvían "tóxicos" pues el que lo tuviese no tenía encima más que un marrón bien grande porque el valor de esos paquetes es tendente a cero y suponen una pérdida de dinero de forma directa para los inversores y de forma indirecta para los ciudadanos cuando esa pérdida se socializa.

En España nunca se habló de la existencia de hipotecas subprime. Por mucho que Leopoldo Abadía y otros pusiesen como ejemplo al "negro de Alabama" (¡qué horror de ejemplo!), los NINJA, etc. en España no se habló de nuestros subprimers. Nuestros "Johnathans" y "Jennifers", metidos toditos ellos y ellas en el mundo de la construcción, el sector servicios y la economía precaria que nos han dejado nuestros mayores con nuestro terrorífico patrón-modelo económico del 78 (Ladrillo + Turismo + Consumo interno + Subvención Europea-Europedigüeñitis).

La burbuja inmobiliaria en EEUU estalló con la caída de Lehman Brothers, Freddie Mac (Corporación Nacional de Créditos Hipotecarios) y Fannie Mae (Asociación Nacional hipotecaria). Los cuarteles generales del capitalismo tocaron a rebato y las dejaron caer porque veían que la burbuja inmobiliaria estaba atacando directamente al capital de verdad. Se llegó a un punto de no regreso donde las altas instancias dijeron "basta" al sistema especulativo de la burbuja. Dicho en otros términos, se inició un proceso de cura capitalista, siendo la enfermedad la burbuja inmobiliaria, los créditos hipotecarios y los paquetes derivados financieros de la misma.

La caída de la economía fue muy grande. FM&FM fueron intervenidos en 2008. Lo peor de la crisis llegó en 2009 a todo el mundo. El colapso fue tan grande para la economía que se entró en una fase de pánico que fue parcheada en EEUU a base de imprimir dinero para comprarse bonos a si mismos que no ha solucionado el problema sino que lo ha pospuesto aunque ha conseguido mantener los niveles de empleo a base de generar empleo de mucha peor calidad, incertidumbre y una deuda que el ciudadano medio de los Estados Unidos tendrá que pagar en algún momento del futuro aunque no quiera.

En EEUU se apostó por bajar los tipos de interés a mínimos históricos para "que el crédito volviese a fluir", para hacer planes de gasto público. EEUU ha imprimido grandes cantidades de dinero para comprar deuda pública a través de su reserva federal, eso es lo que se conoce como "Quantitative easing", los planes han sido varios, los conocidos como Q1, Q2 y Q3. El "Quantitaive easing" tiene varios objetivos, pero básicamente lo que busca es imprimir moneda para comprar bonos del gobierno y hacer que los intereses de la deuda a pagar sean menores a base de aumentar la deuda.

Todo el dinero de los Q1, Q2 y Q3 han quedado teóricamente guardados en algún sitio (los bonos) y no han llegado a la gente ni a la economía ordinaria. Si esa masa monetaria enorme llegase a la gente entraríamos en tasas de inflación muy altas con peligro real de hiperinflación. La peor pesadilla económica que existe muy temida por los alemanes que la padecieron en entreguerras en la República de Weimar y que acabó llevando a Hitler al poder. La inflación tiene un doble efecto: hace que la deuda se diluya al tiempo que empobrece a la gente y a los ahorradores. La inflación (subida de precios) hace que el dinero valga cada vez menos. Lo vimos nosotros en el día a día cuando adoptamos el euro y sufrimos la segunda alza explosiva de la burbuja inmobiliaria que nos trajo una subida de precios de los bienes de consumo muy alta no reconocida por la estadística oficial. El dinero cundía cada vez menos. Con inflación el dinero da cada vez menos de sí, los productos que se pueden comprar son cada vez menores con la misma cantidad de dinero. Cada día que pasa con 50 euros puedes comprar menos cosas. Busquen en Youtube los vídeos de "Los Sánchez" que nos hicieron tragar para engañarnos cuando adaptamos el euro.

-"Abuelo que 50 euros no son 5000 pesetas".

Se suponía que 50 euros iban a ser 8000 pesetas, sin embargo la inflación fuerte que hubo y el redondeo de precios que se hizo por todas partes diluyó el valor de la moneda. Rápidamente con 50 euros se podían comprar menos cosas que con 5000 pesetas.

Los alemanes quedaron muy marcados por la hiperinflación en el período de entreguerras. No van a repetirlo ni por asomo ni van a dar opción a una sola política que pueda generar inflación. El Marco durante Weimar perdió tanto valor que hacían falta cantidades ingentes de dinero para comprar unos zapatos o un litro de leche. Cuando se llega a ese punto se llega a una situación en la que al final el dinero no vale nada y lleva al país a un empobrecimiento masivo.

Los críticos a las políticas de EEUU de gasto público y los Q1, Q2 y Q3 (quizás cuando se publique este libro haya un Q4) argumentan que tarde o temprano ese dinero acabará fluyendo a la economía ordinaria y generará una inflación brutal. Los más críticos hablan de que habrá hiperinflación en EEUU y el país perderá la hegemonía que dispone hoy día y que quizás colapsará.

Estaremos muy atentos a esto, por algo llaman a la inflación "el impuesto de los pobres" (y por cierto, a la lotería también).

El caso es que las políticas de gasto expansivo las inició G.W. Bush al final de su mandato pero las ha desarrollado el presidente Obama. Ha tenido los siguientes efectos:

- La deuda se ha disparado. En algún momento del futuro habrá que pagar esa deuda.
- El empleo se ha mantenido, si bien hay un malestar creciente en EEUU, los salarios están disminuyendo.
- De momento no hay inflación.
- EEUU ha pasado a depender más de los países que han comprado bonos americanos. Si esos países les da por vender los bonos y sacar ese dinero a la economía de EEUU habrá muchísima inflación. Esos bonos están en manos de países "amigos" que en realidad son países satélites como

son Taiwán o Japón. La excepción es China que sabe que esos dólares pueden pasar a valer bien poco si EEUU se viene abajo. China está aprovechando para hacer compras e invertir parte de esos dólares dentro y fuera de sus fronteras. El resto los guarda como "amenaza latente" sabiendo que le da mucha fuerza y capacidad de persuasión para contrarrestar el poder de EEUU.

- La burbuja inmobiliaria que había en EEUU ha dejado de pincharse y se está volviendo a inflar. Los precios vuelven a subir en un país endeudadísimo.

Podemos concluir que la política de Obama ha sido una patada hacia adelante que tendrá consecuencias muy negativas en el futuro.

También podemos entender parcialmente por qué sobre el papel Europa está aplicando la política opuesta de austeridad por el temor alemán a inflación. Eso sobre el papel porque en la práctica el BCE está respaldando indirectamente la compra de deuda de los países en apuros como España prestando a bajo interés a los bancos españoles para que éstos compren deuda soberana española.

Como ya dije antes esa deuda hay que pagarla tarde o temprano.

Es muy importante destacar que Alemania no está sola en su política de austeridad. Ni si quiera es el país más duro. Finlandia u Holanda están siendo mucho más duros que Alemania, solo que eso está pasando desapercibido en los "PIGS" como "agradablemente" nos llaman los países germánicos y sobre todo la prensa anglosajona a los países periféricos de la UE. Les aconsejo que tomen nota y no lo olviden nunca. La vida da muchas vueltas, veremos a esos países en apuros, sobre todo a Holanda que está gestando una burbuja inmobiliaria enorme y además tendrá fuertes problemas sociales por la inmigración cuando las cosas dejen de ir bien.

Aún así, tengan bien claro que la culpa de los males de España son Españoles. Esa es la tesis de este libro que no vamos a abandonar aunque estemos explicando el contexto mundial en el que nos toca movernos para aquellos que saben poco y quieren profundizar, para aquellos que no saben nada y quieren aprender o para aquellos que saben mucho y quieren ver como lo narra otro autor y desean aportar y confrontar ideas.

2 La burbuja en Internet.

La carta de Pepito.

En los años más duros de la burbuja inmobiliaria corrió por internet una carta que tenía por título "la historia de pepito". Se vio en muchos foros de internet y fue enviada en cadena por email. Fue ridiculizada salvo por un grupo muy minoritario que comprendió que el contenido de la carta denunciaba la equivocada política de vivienda que había tenido el país durante años. Las respuestas a la carta fueron durísimas y fue motivo de mofa y escarnio porque se consideraba imposible que el contenido se pudiese dar en algún momento.

La carta es la historia de un español cualquiera al que se le llama "pepito" y tiene una hipoteca sobre un piso comprado en el pico de la burbuja. La carta relata un proceso que entonces era ficticio pero que después se tornó real. En ella se ve cómo pepito se queda sin trabajo, intenta mantener la casa, se vuelve un moroso y topa con el derrumbe de la burbuja y se da cuenta que el piso no vale lo que él creía que valía sino que vale mucho menos.

En esa época los pisos siempre subían. Y mucho. Un 10% anual. No existe ningún negocio que haya dado una rentabilidad superior a la subida de los precios de la vivienda en España en la época de la burbuja. Ninguno. Este es uno de los motivos por los que nos hemos arruinado todos los españoles (aunque algunos no sean conscientes de la deuda que le toca[13]). Todo el dinero iba a los pisos. El resto de actividades o tenían relación con la vivienda y el consumo derivado de ella o iban languideciendo. España se desindustrializó. ¿Para qué fabricar si con lo que le saco al piso tengo un buen pico?

---

[13] En torno a 66,.000 euros por persona según ppcc.

De esta carta surgió el término "Pepito" como término peyorativo para una persona de renta media o baja que tiene una hipoteca de un piso que ha disminuido su valor al pincharse la burbuja.

La carta era una denuncia pura, de todas las cosas que se estaban haciendo mal. Se ponía de manifiesto que la gente pagaba más de un 70% de sus sueldo en pagar la vivienda, que las hipotecas eran larguísimas (entre 30 y 40 años) y que en ese período de tiempo puede pasar cualquier cosa, se desmitificaban mitos y frames instalados en las personas como bien se ha visto después ("siempre se puede refinanciar", "los pisos siempre suben", "no me voy a quedar sin trabajo" "al principio cuesta más pero luego se paga solo").

La carta fue escrita estando Trichet al cargo del Banco Central Europeo. Muchos no lo recordarán pero hubo un momento en el que se subieron los tipos que hizo mucho daño a los hipotecados porque subieron de forma notable las cuotas. Europa se estancó aún más (era el inicio de "la crisis que venía de EEUU") y se bajaron los tipos por parte del BCE con el consiguiente efecto bajada en las cuotas de las hipotecas. Fue un aviso a los hipotecados que quedó plasmado como algo excepcional, pero ¿en 30 o 40 años que puede pasar con los tipos?, todo apunta a que los tipos van a seguir bajos muchos años, pero ¿y si vuelven a subir fuertemente dentro de 15 o 20 años? ¿qué pasaría con las hipotecas con tipos en torno al 5%). Muy pocos pusieron de manifiesto este peligro que hay adosado a las hipotecas que se firmaron en lo más intenso de la burbuja, la carta de pepito fue uno de los primeros sitios donde muchos pudimos leer de forma ordenada este peligro con un ejemplo práctico.

La carta ponía otra cosa de manifiesto que a muchas personas nos ha chocado durante la burbuja y que visto desde fuera debe parecer muy bizarro: La ayuda que dan los padres para comprar la vivienda a sus hijos porque la vivienda es demasiado cara y el salario no le alcanza a la gente. Incluso en el momento al que estábamos en "champions league de la economía" muchos hipotecados han tenido que recibir ayuda de sus padres, o bien les han pagado una parte del piso, o les han tenido que dar dinero mensualmente o han tenido que ir a por los "tuppers" para poder comer a casa de sus padres porque si no, no les quedaba dinero ni para comer. Un claro ejemplo de pobreza disimulada y oculta en la economía española que ha quedado puesto más de manifiesto según iba desmoronándose el modelo productivo y avanzábamos en la crisis. En la red se coincide mucho que uno no debería destinar más del 30% de su salario al mes al coste de la vivienda, en el caso de las viviendas se ha llegado a destinar más del 100% del salario de uno para pagar la hipoteca o el alquiler. Clarísimo síntoma de que el precio de la vivienda está inflado.

La carta narra la caída de pepito, la llegada del desempleo, cómo le despiden gracias a la dualidad del mercado donde se despide primero al más joven por ser más barato de despedir, el fin de la prestación por desempleo, el aferrarse al piso sea como sea, la ayuda de sus padres, la pérdida de ahorros, la refinanciación, la incapacidad de pagar las letras, las discusiones imposibles sobre como salvar a su Titanic mientras se hunde, el proceso fallido de venta del piso porque cada vez tiene menos valor y al final de todo el proceso y tras una larga agonía: el desahucio

Aunque la carta se dio sobre el escenario de una subida de tipos, los acontecimientos posteriores llevaron a la misma situación en un contexto diferente. El resultado fue el mismo cómo podemos ver hoy día: desempleo masivo, quiebra de las cajas de ahorros y finalmente desahucios.

Borja Mateo.

Borja mateo tiene su propia página web: www.borjamateo.com
En la misma tiene recogida su biografía.

Borja estudió Derecho Económico en la Universidad de Deusto y en la Universidad de Viena finalizando sus estudios en el año 2000. Además de dedicarse a la economía es traductor e intérprete jurado de alemán en España y en el Estado Federado de Baden-Württemberg.

Durante 4 años se dedicó a la concesión de créditos a bancos y aseguradoras españolas desde uno de los bancos más importantes de Alemania y uno de los mayores del mundo. Allí tuvo la oportunidad de conocer bien nuestro sistema financiero así como los principios básicos de la prudencia crediticia bancaria. Tras ello creó desde cero el negocio de productos estructurados para banca minorista en Alemania y Austria para un banco de inversiones europeo líder desde Londres.

Borja es poseedor del distintivo de honor de la República de Austria.

Borja Mateo tiene está muy bien para aquellos que no están iniciados en el contenido de la burbuja inmobiliaria o tienen conocimientos superficiales de la misma.

En los últimos años ha conseguido aparecer en televisión y ha ido a varias tertulias en diversos medios de comunicación, desde televisión española a 13tv.

Borja tiene varias ventajas a nivel de comunicación que no tienen otros profesionales:

-Emplea un lenguaje sencillo.

-Repite las ideas varias veces para que no haya dudas.

-Da un mensaje optimista.

-Sus alertas son claras. "Hasta más delante de 2016 los pisos ni tocarlos". "El que compre ahora es carne de desahucio".

-Es cercano a la gente.

-Transmite honradez

-Defiende a España siendo vasco. Lo cual es enormemente positivo porque la sublimación de la burbuja son los terruñistas (en términos ppcc como se verá adelante)

-Ha escrito dos libros muy interesantes: "La verdad sobre el mercado inmobiliario español". "Cómo sobrevivir al crack inmobiliario".

Borja Mateo queda a la altura de los comunicadores de la televisión que han bombardeado a la gente durante años. Es el némesis de todos los comunicadores-periodistas-tertulianos que han inducido erróneamente a la compra de viviendas haciendo creer a la gente que cualquier momento era el mejor para comprar una vivienda.

Borja es muy conocido en los ambientes "burbujitas" que denuncian la burbuja inmobiliaria desde hace años. Al igual que todas las personas que han denunciado la existencia de una burbuja y los efectos dañinos y potencialmente dolosos de la misma se ha encontrado con una legión de personas que lo apoyan y otra que le atacan. Usando datos en la mano explica por qué el precio de la vivienda va a bajar en los próximos años de forma inevitable y remarca lo positivo de esa dinámica porque se entra en un período ilusionante que solucionará el problema de la vivienda a las generaciones venideras que no van a tener que comprar a precios hiperinflados como los que ha habido en la época de la burbuja.

El material que hay sobre Borja Mateo es muy grande, junto a los dos libros que ha publicado tiene además su página web, ha colaborado escribiendo varios artículos en otros medios y tiene varias horas de entrevistas que pueden ser fácilmente encontradas en youtube casi todas. Como este libro es introductorio pasaremos a hacer un resumen significativo de Borja Mateo y algunos de sus vídeos dónde ha intervenido para que se vea cual es su línea de pensamiento.

¿Qué dice Borja Mateo desde hace tiempo?

La crisis inmobiliaria tiene su origen en 1973 y explota en 2006[14]. Hubo dos correcciones en ese período que fueron las devaluaciones de la peseta. El período de la peseta fue altamente inflacionario y trasmitía a la gente la sensación que los precios nunca bajaban, pero en términos reales sí que lo hicieron. Aunque nominalmente con precios en pesetas si subían hubo dos bajadas reales cuando se hicieron las devaluaciones al ser las devaluaciones superiores al incremente en pesetas del precio de las viviendas.

Interrogado por quien tiene la culpa de lo que ha pasado pone énfasis en algo compartido por mucha gente:

El Euro está mal diseñado, la burbuja inmobiliaria tiene sus inicios mucho antes del euro, pero el euro infló la burbuja. El euro como moneda única está mal diseñado porque no hay unión fiscal ni tesoro europeo. La estructura que nos rodea no ha sido buena.

Estamos en una época en la que estamos viviendo un socialismo real abiertamente democrático, distinto al socialismo científico (marxismo) al utópico o a otro tipo de socialismos (fascismos) en el que los Estados se expanden cada vez más porque quieren dar más servicios a los ciudadanos. Recordemos que Comunidades Autónomas, Diputaciones y Ayuntamientos también son Estado y que representan más del 65% del gasto total del Estado. A los Estados le vienen bien las burbujas porque cuando se dan recaudan mucho más dinero que de forma normal y pueden pagar muchos más servicios a sus ciudadanos que normalmente no se cuestionan de dónde sale el dinero que paga los servicios que le prestan[15].

Promotoras, constructoras e inmobiliarias han inducido al error para que la gente pensase en que cualquier momento era el momento adecuado para adquirir una vivienda a pesar de tenían consciencia que no era así. Ha habido fraude masivo. Desde 2006 ya se sabía que el precio de la vivienda iba a bajar. Han inducido a comprar a la gente cada vez que subía el precio de la vivienda asegurándoles que nunca bajaría, que era una inversión segura y que no tenía límite de subida de precios. Una vez que empezaron a caer los precios se ocultó, con ayuda del gobierno y los comunicadores, que los precios

---

[14] PPCC indica que el origen es mediados de los años 80. En torno a 1986

[15] Ver capítulo 4

caían y se indujo a comprar a la gente. Cuando los precios empezaron a caer en el mercado de segunda mano y ya no se podía ocultar indujeron torticeramente a comprar a la gente bajo el pretexto de que "era más barato que nunca", "luego volverán a subir", "ya no quedan pisos buenos" "nos los quitan de las manos". Cuando llegó la subida del IVA y el fin de la reducción de vivienda se indujo a la gente a la compra una vez más con los mismos pretextos de que esas medidas encarecerían la vivienda siendo mentira como luego hemos visto. La vivienda no hace más que caer y no puede hacer más que caer porque el precio que ha tenido ha sido anormalmente alto. La vivienda se está ajustando a su precio justo y real. Un precio que será mucho más barato.

Para seguir el precio de los pisos Borja Mateo emplea varios medios. Uno de los más importantes es el índice tecnocasa. Borja habla de 3 precios:

- De tasación
- De Salida
- De compra venta efectiva.

Por lo que queda claro que el precio de compra venta real es más bajo después de negociar y que hay descuentos de entre el 10% y el 15% tras negociar que pueden ser aún mayores en ciertos casos.

La responsabilidad mayor de lo que ha sucedido es del Estado, de los promotores y también del sistema financiero que no debía haber prestado nunca dinero de forma tan irresponsable como lo hizo. El banco de España falló intencionadamente en su labor de supervisión y control e indujo al error formando parte de la estafa masiva de la burbuja inmobiliaria. Borja también le da una parte de culpa al español medio que ha estado más al fútbol o a otras cosas que a lo más importante que es su dinero.

Así pues los culpables:

-Estado

-Promotores, inmobiliarias, constructores.

-Sistema financiero

-El español medio.

Comparemos la culpabilidad que indica Borja Mateo con la que indica PPCC:

PPCC dice que los culpables son:

-Los jugadores (los que compran venden).

-Los reguladores (los políticos).

-El sistema financiero.

-Los comunicadores (prensa).

Una clasificación diferente con puntos en común.

Borja Mateo nos da muchos datos. Algo que se agradece porque facilita la comprensión de sus argumentos y del proceso global.

En España comprar una vivienda ha llegado a costar 14,8 veces el salario anual[16] una verdadera salvajada que empobrece a la gente al tener que destinar su renta a pagar la vivienda ya que eso supone detraerlo de otros gastos.

> La gente no es más rica porque su casa le cueste más pagarla, la gente es más pobre cuanto más cara es su casa.

En Japón hubo una burbuja inmobiliaria que explotó a principios de los 90. Desde el precio más alto de la burbuja en Japón los precios han caído entre un 82% y un 83%. No sabemos de cuanto será la bajada en España, Borja no cree que pueda llegar a ser tanta, otros burbujistas en la red si lo creen posible, algún economista reconocido internacionalmente ha reconocido públicamente que podría darse la posibilidad que la burbuja inmobiliaria española tuviese un recorrido de descenso de precios desconocido hasta

---

[16] En internet se puede leer que el coste sano es entre 4 y 4,4 veces el salario de una persona. Menos de la tercera parte de lo que ha costado. Podemos pensar que habrá bajadas superiores al 65% en el precio de los pisos con respecto al pico.

ahora. La gente expresa su prudencia mediante la duda razonable. Sea como fuere, el precio de ajuste llegará aunque no se quiera.

La Hipoteca media ha llegado a ser de 29 años. Desde el sector del ladrillo se ha inducido a pensar que esto era bueno y que ojalá fuesen más largas las hipotecas porque así se podría comprar más caro y dejar un patrimonio (si es que se han podido tener hijos por destinar casi todos los ingresos al pago de la casa).

> El dinero de la compra-venta de pisos no ha desaparecido, lo tiene la gente que ha vendido los pisos y que desvía la carga de la culpa a los Bancos al sistema financiero y al Estado.[17]

Los jóvenes también han tenido su parte de culpa. Han sido muy pasivos. En el pecado va la penitencia.

Da por sentado que habrá una intervención europea[18] sobre España y que no será el fin del mundo sino que tras un período doloroso se abrirá un período ilusionante gracias a la dinámica de bajada de precio de los pisos que vamos a experimentar.

Nos advirtió que el fin de la deducción[19] y la subida del IVA no eran razón para adquirir un piso, que con la dinámica de precios registrados la caída de precios iba a compensar en apenas unos pocos meses. En el período 2006-2012 ha habido una caída del precio del 48% en el mercado libre de segunda mano. Nos acercamos a cifras de paro a finales de 2013 que rondarán el 27,5% y que se espera una bajada adicional a lo largo de 2013 de un 20% en el precio de la vivienda. El ahorro que supuso comprar por la subida del IVA y el fin de la deducción de la vivienda se compensó en un plazo de 4 a 8 meses.

A finales de 2012 hubo una demanda artificial supletoria que se le indujo a error para que comprase vivienda por el aumento de impuestos, igual sucedió en 2010-2011 pero los precios continuaron cayendo y van a seguir haciéndolo.

---

[17] Idea burbujista.

[18] Igual que PPCC

[19] Impuesta por la Unión Europea, implementada a regañadientes por el gobierno.

Lo que produce retirar el IVA superreducido y la deducción por adquisición de vivienda es una bajada mayor del precio de los pisos. La deducción por adquisición de vivienda nunca debía haber existido porque lo único que ha hecho ha sido encarecer el precio de los pisos.

> Aunque no tengo constancia de que Borja Mateo lo diga, son muchas las fuentes que mantienen que la Unión Europea está deseando que se quite la deducción para la vivienda no solo a las nuevas compras como se ha hecho, sino a las que ya están siendo pagadas pues supone una inyección de unos 6000-7000 millones de euros a la banca que alimenta la burbuja inmobiliaria. Mala notica para los hipotecados que están con el agua al cuello y cuentan con la deducción para que hacienda les devuelva cuando hagan la declaración

La evolución que va a tener el mercado de vivienda va a ser tremendamente positiva porque va a haber una bajada brutal del precio de la vivienda.

Se está embalsando una oferta de pisos muy grande. Se siguen terminando de construir promociones, además, según se vaya produciendo el ajuste, el precio será inferior y el coste para construirlos también porque la bajada del precio del suelo para construir ha sido mucho más fuerte que el de las viviendas. Las nuevas promociones se podrán construir sobre suelo muy barato a diferencia del precio del suelo durante la burbuja que fue muy alto.

La crisis inmobiliaria, el desempleo y que se reconozca la burbuja inmobiliaria en los medios de comunicación ha producido consumidores mejor informados, que negocian mejor y que tienen menor poder de compra. Este fenómeno está produciendo que la demanda de pisos se contraiga y caigan aún más el precio de los pisos.

Referente a la demanda de vivienda es muy importante el número de potenciales demandantes. España por población concentra su mayor número de habitantes en el segmento de los nacidos en los años 70, la generación del baby-boom. No es así en las generaciones siguientes, la natalidad disminuyó drásticamente desde los años 80[20] . **El grupo de población que va de los 10 a los 24 años es un 38% inferior que el de los que tienen de 25 a 38 años.** Cuando toda esa gente tenga edad de emanciparse y adquirir una vivienda la demanda caerá a casi la mitad.[21]

La pirámide de población está invertida. La demanda de vivienda caerá bruscamente.

La demanda anual de pisos está en torno a los 130.000 y las 170.000 unidades.

Hay dos mercados inmobiliarios:

1) El del Banco Malo

2) El de los particulares de segunda mano que tiene un precio más dinámico y mucho más barato.

Este ciclo ilusionante inmobiliario que viene hace que los potenciales clientes que están bien informados saben que cuanto más tarde compren será mejor porque el precio disminuirá fuertemente.

Se sabrá cuando hemos tocado fondo cuando se reúnan dos requisitos:

- Bajada brutal de precios inmobiliarios.

- Aumento del número de transacciones inmobiliarias.

Respecto del año 2006 el número de transacciones inmobiliarias ha bajado más de un 70%.

---

[20] Punto en el que se inicia la burbuja inmobiliaria según PPCC. Se puede concluir que la bajada de la natalidad está directamente relacionada con la subida del precio de la vivienda por encima de la subida media de precios y salarios.

[21] Nota del autor: Además heredarán viviendas de padres y abuelos. Esto contraerá aún más la demanda.

El Banco Malo (SAREB) es la nacionalización de las pérdidas del sector financiero. Los préstamos otorgados no son recuperables en gran medida por lo que se ha tenido que crear un banco malo ya que si no se hubiese hecho hubiera quebrado el país y hubiese tenido un efecto letal sobre los ahorradores.

El banco Malo intenta parar la bajada de los pisos lo cual es imposible.

La tasa de mora es superior al 10% y somos prisioneros del tratado de Maastricht. La única solución que hay para solucionar esto es una **Devaluación Interna**[22] que es una bajada de precios y salarios. Por este motivo se ha procedido a hacer la reforma laboral cuyo objetivo ha sido que los salarios bajasen como se está viendo el en sector privado donde los salarios están cayendo con mucha fuerza. Aún queda mucho recorrido por hacer en este sentido, las empresas están planteando la subida (sic) de salarios no según el IPC ni la productividad sino según el crecimiento del país. Crecimiento que será negativo los próximos años.

---

[22] Igual que dice la UE, PPCC y multitud de economistas. Los que se oponen son los anti-euro partidarios del Dólar y la peseta.

El Estado no ha dejado que haya un buen mercado de alquiler porque no se defendían los derechos de los propietarios.

> Para muchos autores el problema está en que los derechos de los propietarios son el verdadero lastre del alquiler, para otros no es así, hay muchos factores que explican que el alquiler no es una opción real en España porque el sistema está orientado hacia la compra como se verá en este libro. PPCC en este sentido es muy crítico, según él las estadísticas que hay de morosidad en España en los alquileres no están ni en la media de nuestro entorno, lo que sí que hay es un conjunto de caseros que son por definición amateurs, usureros, exprimeinquilinos que generan resentimiento en los que alquilan las viviendas. En todo caso hay que destinar una renta alimenticia entera para mantener los precios de usura del casero en viviendas y locales que en algunos casos costaron lo que se saca en dos alquileres. PPCC pone el ejemplo del restaurante:
>
> ¿Se imaginan un restaurante dónde?:
>
> -Hay que pagar por adelantado.
>
> -Hay que pagar una fianza.
>
> -Si el camarero quiere puede hacer que te levantes en medio de la comida.
>
> -Te tratan con desprecio
>
> .Este choque de ideas se puede comparar viendo el pensamiento de PPCC y de los que les apoyan criticando que el problema es de oferta de alquiler no de demanda del mismo.

También trata con interés el tema de la política como lo entienden los españoles: como sistema de partido y aporta cosas con respecto a los dos partidos mayoritarios de España diferenciando entre PP y PSOE en política de vivienda.

Considera que el PP actual es más honrado que el PP anterior que fue nefasto pues negó sistemáticamente la burbuja inmobiliaria.

El PSOE cuando ya era consciente de que los pisos bajaban lo negó de forma sistemática e indujo torticeramente a error a la ciudadanía para que comprase pisos. Y pone muchos ejemplos como las entrevistas a José Luis Rodríguez Zapatero en la CNBC donde negó la burbuja y recoge las personas que negaron la burbuja del partido como Beatriz Corredor, José Blanco, o Carme Chacón que fue una ministra nefasta en lo relativo a política de vivienda.

Respecto al tema de Carmen Chacón recomiendo que busquen la entrevista que le hizo la televisión pública británica. La poderosa y profesional BBC hizo una entrevista en 2007 donde Carmen Chacón se negó a contestar una pregunta sobre la burbuja inmobiliaria. El título del reportaje de la BBC era "el miedo al mercado inmobiliario español".[23] Los británicos ya alertaban de la explosión de la burbuja inmobiliaria y aunque nadie lo recuerda es el tiempo en el que se les tachaba de aguafiestas cuando advertían que "la fiesta is over" y en los medios no oficiales se decía que los "inversores" que habían venido a ganar dinero con el ladrillo ya se habían ido. Aún quedaba combustible para casi dos años más para endeudarnos construyendo y vendiendo viviendas. Nadie lo quiso ver.

El PSOE mediante Real Decreto 716/2009 posibilitó que el sistema financiero tasase como le viniese en gana. ¿Son creíbles esas tasaciones?

¿ Cómo renegociar la renta de alquileres ya existentes?.

Borja Mateo nos da directrices sobre cómo hacerlo.

La mayoría de los contratos tienen una cláusula de actualización. Hay que tener en cuenta que los alquileres han bajado un 40% de media y sigue creciendo ese porcentaje. Los alquileres gozan de buena dinámica para el mercado inmobiliario. Un particular ha de informarse sobre los alquileres de la zona y pedir una bajada importante del precio del alquiler. Renegociando pagar semestres o anualidades a cambio de bajadas fuertes. Si no se consiguen descuentos lo mejor es marcharse porque se van a encontrar alquileres mucho más baratos. El que paga lo mismo por el alquiler hace muy mal porque van a seguir bajando. Para contratos de 5 años habría que pedir bajadas de entre el 5% y el 8% y no según el IPC.

---

[23] Ver en youtube.

Hay que tener en cuenta que hay un proceso de deflación (caída de precios) en muchas actividades, los salarios también están cayendo fuertemente y el desempleo es extremadamente alto.

Ejemplo de plaza de garaje a alquilar:

Supongamos que representa un gasto de 1100 €/año al propietario.

Unos 100 € son gastos a cuenta del propietario por lo que quedarían 1000 €.

Con un precio máximo de 20.000 € esto supondría un rendimiento del 5% anual. (1.000/ 20.000).

Si el rendimiento es superior al 5% te puede interesar alquilarlo si está por debajo saldría caro.

Santiago Niño Becerra.

Santiago Niño Becerra (SNB) es un economista catalán que trabaja en la universidad Ramón Llull al que se le ha visto aparecer por televisión en varias ocasiones.

Este "pastor de la crisis"[24] tiene una legión de seguidores y detractores feroces en la red.

Ha escrito dos libros, "El crash de 2010" y "Más allá del crash" aunque lleva exponiendo esas ideas desde antes de publicar los libros.

Se le puede encontrar en "La carta de la bolsa" y sus textos han sido recogidos ampliamente en sitios como burbuja.info o transicionestructural.net.

Sus apariciones televisivas han sido más que notables, sobretodo en TV3, dónde ha aparecido varias veces. Quizá el programa de más difusión a nivel nacional en el que ha aparecido ha sido en "Salvados" de Jordi Évole.

SNB tiene el gran mérito de haber adelantado la crisis cuando casi nadie se atrevía a predecirla y sobre todo ha tenido grandes aciertos en cuanto a las tasas de desempleo en España.

SNB emplea conceptos muy duros en referencia al colapso económico pero no se atreve, no quiere o no cree que la crisis sea culpa de nadie. En ese sentido es determinista y recuerda a la postura de los movimientos luditas ingleses a principios del siglo XIX que creían que la tecnificación y las maquinas destruirían el empleo y bajaban los salarios. Algo que posteriormente se vio que no es cierto. SNB tiene dos grandes "frames".

- La culpa no es de nadie.
- Sobra gente porque ya no son necesarios para producir.

El primer punto lo matiza a veces por un "la culpa no es de nadie o es de todos".

---

[24] Denominación del autor.

Aunque tiene muy presente la burbuja inmobiliaria no es tan beligerante con ella como otras personas. SNB parece emitir un mensaje de inevitabilidad y habla de diversas causas de la crisis y la define como crisis sistémica, cree firmemente en los clústers y en las regiones económicas. Según él hay clústers que funcionarán económicamente y el resto serán una suerte de erial improductivo prescindible. Para él los clústers económicas que son válidos en España son Cataluña, País Vasco y algunas zonas de Galicia.

SNB tiene muchos detractores, pero su mérito está en adelantarse a la crisis y tener la valentía de hacer predicciones. Veamos lo que decía **antes de la crisis.**

El material que se puede encontrar sobre SNB es muy grande. Por suerte internet nos permite encontrar muchos de sus textos, de sus vídeos y de sus audios.

En Enero de 2006 fue entrevistado en una radio catalana. Ese año es un año importante, pues en el último trimestre de 2006 es cuando se alcanzó el pico de la burbuja inmobiliaria y las viviendas fueron más caras. Justo en ese momento se produjo el "turning point"(punto de regreso) y estalló la crisis aunque no se vio hasta unos meses después gracias a un detonante externo como fue la caída de Lehman Brothers en 2008 y la intervención de Freddie Mac y Fannie Mae ese mismo año.

En 2006 en España todavía quedaba gasolina para rato y nos esforzamos por ocultar la crisis que se venía encima hasta que ya era absolutamente inevitable y no quedó más remedio que reconocerla en 2008 y 2009. El mérito de SNB no está en hablar de la crisis cuando todo el mundo la da por asumida sino de adelantarse a ella cuanto todo el mundo decía lo contrario y vivíamos en "el mejor país del mundo".

En 7 años hemos cambiado mucho y la memoria de las personas es corta, por eso quizá sea difícil recordar con exactitud el clima de consumo y euforia de los años como el 2006 en los que nos íbamos a comer el mundo, superábamos a Italia en PIB per cápita (diciembre de 2007) e irse de fin de semana a Londres, París o Roma era lo mínimo, unas vacaciones de semana santa eran en la Riviera maya o Nueva York y veranear en alicante era de tristes y pobres porque lo mínimo era irse de vacaciones a Jordania o a Croacia por poner dos ejemplos cualquiera. Muchas de esas vacaciones y consumo se pagaron con los créditos que estaban metidos en las hipotecas. Nadie quiere recordar eso porque aún seguimos en estado de negación.

En esos felices años si se te ocurría decir que la fiesta se iba a acabar, que la gente se estaba endeudando demasiado o que su casa tenía un precio disparatado te tachaban de loco o antipatriota como poco. Hubo, y hay, mucha violencia no física en el comportamiento derivado al económico. La burbuja era pura efervescencia: si no compartía el pensamiento único eras liquidado. Mejor no discutir para evitarse problemas.

Ese es el mérito de SNB y de los "pastores" de Internet que se tuvieron que enfrentar a un totalitarismo de pensamiento único basado en dogmas de fe que aún perduran pero que serán arrinconados con el paso del tiempo por la inevitabilidad de la caída de la estructura económica.

El 17 de enero de 2006 hablaba en RAC1 el jefe de economía del instituto químico de Sarriá Santiago niño Becerra y dijo:

A partir de 2010 habrá una fuerte crisis económica y social. Habían hecho un estudio que mostraba que en 2010 la probabilidad de que el PIB mundial fuese negativo era del 20% un tanto por ciento muy alto para un economista. Además, según su estudio econométrico, veían que a medida que se acercaba el 2010 el % aumentaba.

El panorama iría a peor porque:

- Según la evolución del PIB desde 1950 la tendencia es decreciente.

- El déficit de EEUU, el dólar, el agotamiento de la capacidad de endeudamiento[25] de la gente y las Burbujas inmobiliaria y bursátiles.

---

[25] Coincide con esto con PPCC. Para PPCC todos los modelos económicos mueren por agotamiento de su capacidad de endeudamiento.

Nuestro modelo desemboca en una crisis muy grave. La compara con la crisis de 1929 y considera que la que vendría sería similar. La gente no se puede endeudar más, igual que en 1929 y al igual que en 1929 ha habido un aumento de la productividad muy fuerte que hace que la gente sea prescindible. Hay también tensiones monetarias similares en ambas épocas.

Actualmente hay un factor nuevo: La Globalización. La globalización hace que haya ventajas en el comercio y facilidades para exportar mercancías pero también se exportan los problemas.

SNB se suma a la teoría del PEAK OIL (fin del petróleo)[26]. El petróleo es más que energía, el petróleo se emplea para la fabricación de más de 30.000 artículos habituales. El capitalismo surgió con la idea que la energía era inagotable, sin embargo esto no es así. Esto supondrá el fin del capitalismo y surgirá algo nuevo.

¿Qué pasará?

Que las actividades que no sean necesarias desaparecerán.

Ha recogido informes que dicen que habrá problemas serios en el petróleo en los años 2025- 2030.

---

[26] PPCC no lo hace. PPCC considera que el petróleo será seguramente el arma que usará EEUU para trasmitir la inflación a la economía ordinaria y destruir así parte de la deuda a un ritmo inflacionario del 5%-6% anual.

También nos habla de la crisis de 1973.

> La crisis de 1973, fue la crisis del petróleo. En España pasó más desapercibida que en el resto del mundo debido a los problemas internos que tuvimos porque fue justo el fin del régimen franquista y la aparición del régimen del 78. En los años 80 se tradujo en parte en un fuerte aumento del desempleo, el cambio de régimen nacional-católico por un nacional-ladrillista y la tardía incorporación de la mujer al mercado de trabajo dieron lugar al desempleo masivo de los 80. Desempleo que se refería como estructural y que ha sido crónico desde entonces, solo camuflado por los años de bajo desempleo que hubo en la segunda alza expansiva de la burbuja inmobiliaria en los años 2000-2007[27]

La crisis de 1973 nos enseño que crecimiento económico y creación de empleo dejaron de estar ligadas. La productividad aumenta y no hace falta tanta mano de obra como antes por lo que se genera desempleo.[28] ¿Es así realmente? ¿Es el aumento de la productividad lo que ha producido el aumento del desempleo en España? Evidentemente aquí SNB se equivocaba o no se atrevía a denunciar la verdadera causa de la crisis española. Podrán argumentar que el aumento de la productividad en otros países de los que importamos mercadería ha originado la crisis española pero no sería verdad.

---

[27] Nota del autor.

[28] Como los luditas.

SNB nos dijo también que la tecnología ha producido tal cantidad de Oferta que no puede ser absorbida.

> En la facultad nos enseñaron que la crisis del 29 era una crisis de sobreproducción arquetípica, que era el modelo por el que los marxistas creían que iba a llegar la crisis: por un exceso de oferta. En este sentido SNB basa el origen de la crisis de forma implícita en términos de Oferta-Demanda, una crisis tradicional para los marxistas a lo que añade el fin del petróleo (que aún no ha llegado pero que si que ha subido su precio mucho). ¿De verdad es este el origen de la crisis?[29]

Como ejemplo nos pone que Volkswagen[30] tiene un exceso de capacidad de producción de 2 millones de vehículos en sus plantas industriales.

España irá a peor porque es uno de los países más dependiente de los demás de toda Europa. Depende de la energía y del turismo para compensar la balanza por cuenta corriente. La crisis traerá un descenso del turismo, al menos de europeos.

Aconsejaría a la gente que no se endeudase y que el que tenga deuda use sus ingresos para pagar toda la que pueda. El que esté cualificado que intente emigrar los que no lo estén lo van a pasar muy mal porque no son necesarios ni en España ni en Europa.

---

[29] Nota del autor.

[30] Volkswagen= coche del pueblo.

> Un país pobretón lleno de casas vacías que machaca el inquilinato para sostener la carestía de la vivienda básica, ¿qué tipo país es?[31]

Pisitófilos Creditófagos (PPCC)

El fenómeno PPCC

Como todo en España es algo muy pasional que produce o bien afiliaciones incondicionales o detractores viscerales.

PPCC son unas siglas en las que se ocultan una o varias personas[32] que postean anónimamente en internet desde el año 2004 avisando del derrumbe inmobiliario y explicando qué es lo que va a suceder y sobretodo cuales son las causas (etiología) del derrumbe económico que vivimos.

Como todo en internet no hay certeza absoluta sobre algunos datos que da como los personales que a veces parecen ser mensajes en cierto tono de clave. Sin embargo es muy meritorio todo lo que ha escrito pues fue de los poquísimos que en plena bonanza (2004) advertía de que la ilusión que estábamos viviendo sería una verdadera calamidad más adelante fruto de una burbuja inmobiliaria desconocida hasta ese momento. La memoria es corta pero si hacemos un esfuerzo y recordamos aquellos años donde el "crecimiento" era espectacular, venía gente de todas partes y nos metíamos en la "champions league" económica vemos lo realmente meritorio que realmente fue pelear contra todos.

En esos años hubo una violencia verbal, argumental y social contra todo aquel que negase el paradigma. En esos años de la gente no tenía más opción que dejarse llevar y si tenían la opción, coger todos sus ahorros del futuro mediante un crédito y meterlos en una hipoteca extremadamente alta que no era percibida como tal por la gente. En el país de "los tontos de los pisitos" el tonto era el que no

---

[31] PPCC abril de 2013

[32] Parece que solo es una.

compraba ladrillo o negaba que esos precios fuesen lógicos y sanos. Muchos desahuciados de hoy día son los padres que presionaban a sus hijos a hipotecarse en esos días en los que no comprar un piso era adquirir el status de fracasado.

Bajo las siglas IR- , PPCC, o GxL alguien firmaba comentarios contra la burbuja inmobiliaria. Hoy día tiene legiones de seguidores y viscerales detractores en internet pero en esa época debió de estar envuelto en una soledad casi extrema en la red. No sé a ciencia cierta sus orígenes pero parece que empezó posteando en los foros de idealista, unos posts que por lo visto se perdieron y luego fue yendo por varios sitios.

Unos dicen que es un gurú, otros dicen que es un experimento del CNI otros que acierta en el proceso pero le falla el timing.

Da la sensación que la persona que escribe los comentarios bajo las siglas PPCC es una única persona y que se apoya en los comentarios de sus contactos.

Los que le detestan son fundamentalmente personas pro-ladrillo, nacionalistas e independentistas. Lo hacen muy visceralmente, se ve que les afecta mucho sus comentarios.

Sus intervenciones están compiladas en varios foros de internet y especialmente en un blog llamado bichitos.blog.com.es. y en los foros burbuja.info y transicionestructural.net. Lugares que aconsejo que visiten.

Sus intervenciones son inmensas y ocuparían varios pdfs de cientos de páginas. Solamente compiladas sus intervenciones de 2008 ocupan un pdf de más de 1200 páginas... ¡y ha estado escribiendo desde 2004! Lo bueno es que se puede consultar cronológicamente lo que ha escrito y comprobar que decía en 2006 sobre qué pasaría en el futuro, qué estaba pasando y por qué era así.

Lo difícil es su estilo propio. Multitud de términos son suyos y si no se le sigue habitualmente no se le entiende los neologismos, las abreviaturas y los términos que utiliza. La ventaja es que tiene estilo propio en la redacción y se le reconoce, aunque eso no exime que alguna vez le hayan intentado suplantar en la red.

El mismo mantiene que está en el pseudoanonimato por el peligro que suponen sus ideas y por las consecuencias que podían suponerle.

A diferencia de él otros que no tenemos nada que perder podemos saltar a la palestra. Cuando yo estudiaba en la facultad y hablábamos de las huelgas en EEUU [33]siempre decíamos lo mismo: las huelgas las hacen los precarios, los trabajadores que tienen privilegios no se mueven. En esos años una serie de huelgas salvajes en EEUU nos daban la razón. Esta idea es anarquizante y choca con las marxistas clásicas. Para un marxista clásico las huelgas y los procesos revolucionarios los lleva adelante la vanguardia obrera, los más concienciados y más preparados al tiempo que los peores, y los más pobres (el lumpen[34]) les lastran y son contrarrevolucionarios por definición. El caso es que los que tienen poco que perder y mucho que ganar son los que a priori pueden detonar la mecha del cambio para que luego el resto se beneficie. Los grandes triunfadores de la burbuja tienen cantidades enormes de dinero acumulado, les interesa que la economía vuelva a funcionar para poner ese dinero a rendir y ganar más, pero no parecen ser motor de cambio sino que están agazapados esperando que la crisis escampe para empezar a ganar dinero. Alguien tiene que empezar a lanzar el frame de "cambio estructural" necesario. Mucha gente en la red ya está por la labor, sin embargo son minoría pues el apego al modelo económico de toda la vida es muy mayoritario en la sociedad y el cambio va a llevar muchos años impuesto por la realidad más que por el deseo.

Nunca sabremos a ciencia cierta si lo que ha dicho son datos personales ciertos, si son cortinas de humo, o si es un experimento del CNI como han dicho o cualquier otra cosa. Sea como fuere sería mejor que mantuviese la magia del anonimato

---

[33] Años 96-2002

[34] Lumpenproletariado

por el icono en que se ha convertido para muchos y por todo lo que ha aportado.

PPCC:

2008 fue un año en el que se veía que las cosas no iban bien pero desde el gobierno y las instituciones se negaba sistemáticamente la crisis financiera de origen inmobiliario que teníamos.

El pensamiento de la gente era el de "los pisos nunca bajan" e incluso los que veían que venía una crisis por las noticias que nos llegaban de EEUU (Lehman brothers, Freddie Mac, Fannie Mae) pensaban que nuestro sistema financiero estaba a salvo y que la crisis no serían más que algo breve. Estábamos equivocados como país como se ha visto después y lo estábamos porque no identificamos con éxito el origen de la crisis inmobiliaria al tener un enorme apego a ese modelo.

PPCC ya llevaba hablando desde 2004 sobre esto, en 2008 repetía:

> "EL PRECIO DE LAS VIVIENDAS ESTÁ BAJANDO DESDE 2006 ¿Qué sentido tiene salir diciendo hoy que "el precio de la vivienda bajará"?. Lo que toca decir es EL PRECIO DE LA VIVIENDA VA A SEGUIR BAJANDO, COMO MÍNIMO, HASTA 2010, Y VA A ACABAR DIVIDIDO POR DOS O MÁS."[35]

El valor de hacer predicciones es enorme si uno va acertando porque tiene razón y ha hecho un análisis correcto de la situación. En mi facultad un grupo de personas llamaban a los de la facultad de económicas, que estaba en frente de la nuestra, *Forenses* por su facilidad para analizar "el cadáver"[36] y por su incapacidad para dictar un pronóstico a futuro. Lo cierto es que la inmensa mayoría de economistas callan con respecto al futuro y la casi todo el que habla suele equivocarse casi siempre por tres motivos: 1) porque no es humano controlar todas las variantes económicas posibles con exactitud 2) porque hay decisiones políticas que lo pueden cambiar

---

[35] Fuente: Blog bichitos, el comentario original está recogido en algún medio digital que desconozco.

[36] El cadáver es un análisis a posteriori

todo y 3) porque la formación de un economista es incompleta en algunos campos la inmensa mayoría de las veces. El mercado, como tal, es un ente abstracto-ideológico y olvidan con frecuencia que son personas con sentimientos y algoritmos en bolsa que desconocen y no controlan.

> **LA VIVIENDA BÁSICA ESTÁNDAR Y EL SUELO INDUSTRIAL SERÁN SEMIGRATUITOS**, como hoy lo son la sanidad y la educación. Como ha ocurrido en toda la historia de la humanidad, lo que costará dinero es mejorar el nivel básico estándar. La vivienda básica estándar nunca ha valido nada desde el neolítico... hasta que la descubrieron los reclutadores de deudores y los recaudadores fiscales. **LA CRISIS FINANCIERA QUE ESTAMOS VIVIENDO ES EL PINCHAZO DE LA BURBUJA INMOBILIARIA**. El sistema financiero está poniéndose el escudo para lo que viene: LA CORRECCIÓN VALORATIVA DE LA VIVIENDA. Evidentemente, es un proceso que consumirá varios años. ¿Cuántos?. No muchos. Las fases bajistas en todo ciclo siempre consumen entre un tercio y un cuarto de tiempo de lo que consumieron las alcistas. Se considera (OCDE) que **los ciclos inmobiliarios tienen un módulo temporal de 20+4 años y los bursátiles de 7+2. El caso español encaja a la perfección. Todo comenzó en 1986. Ha durado hasta 2006. El crash no tiene porqué durar más allá de 2010.**

PPCC nos advierte que lo que está pasando no es algo estrictamente nuevo sino que es algo especialmente intenso. Ya ha habido crisis inmobiliarias previas y éstas siguen un ciclo de 20 +4 años. PPCC fija el inicio de la crisis inmobiliaria actual en 1986, Borja Mateo la sitúa a finales del franquismo a diferencia de otros autores que la ponen más o menos a partir del año 2000 o el 2008. Los que sitúan el origen de la crisis en 2008 es porque culpan a EEUU del origen de la crisis por intereses ideológicos y particulares propios exculpando al partido de gobierno que había en esa época en España. Suelen coincidir con los que sitúan la culpa en el año 2000 e insisten en la liberalización de la ley del suelo por parte del gobierno de turno de la época. Desde el punto de vista político ha sido magistral la jugada del PSOE que ha dejado de negar la burbuja y la sitúa en origen en el gobierno del PP. Éstos últimos están tan empeñados en negarla y en vender los "éxitos económicos del presidente que surgió de las urnas del 96" que le están dejando en bandeja de plata su propia cabeza. Lo que los ciudadanos tienen que entender es que esos dos partidos son gobierno y oposición a la vez, que ambos comparten y alternan simultáneamente el gobierno central y el de muchas autonomías que son las que tienen las competencias en urbanismo y construcción. Según PPCC el PSOE es el partido de España y el PP su "chacha" pero son ambos los que han creado esta fantasía del **"capitalismo popular"** y son responsables de la burbuja inmobiliaria. El problema es que la intensidad de la burbuja es altísima por ser la única locomotora de la economía española. PPCC habla del "capitalismo popular" como el sistema que se ha montado desde medidos de los 80 para crear la figura del obrero-propietario y así amortiguar la lucha de clases mediante un falso efecto riqueza a través de la vivienda. El "capitalismo popular" tiene dos versiones tanto a izquierda como a derecha que serían los socialdemócratas y los social-liberales. Ambas vertientes ideológicas son falsas en puridad y las denomina despectivamente los liberales de "LUDWIG VON PISOS" y de "FRIEDRICH VON CAJAS."[37]

PPCC insiste en que ha habido dos fases explosivas en este largo proceso. Vea la gráfica de las burbujas inmobiliarias y del precio de la vivienda en España y compruébelo, la primera alza explosiva en el precio de la burbuja fue entre 1986 y 1989 y la segunda coincidente con la entrada en el euro y coincidiendo con el falso "milagro económico español" entre 1998 y 2006.

---

[37] En referencia a los liberales Ludwig von Mises y Fiedrich von Hayek.

> Esta no es mi primera crisis inmobiliaria. Es la segunda. El modulo temporal del ciclo inmobiliario es 20 + 4 años, según la OCDE (World Economic Outlook, abril 2003). Este ciclo comenzó el 1 de enero de 1986, como es pacífico en la doctrina bancoespañista crítica (y no tan crítica); y termina con el crash 2006-2010. Lo que se cree que fue una "crisis inmobiliaria", lo que los del sector llaman "crisis de 1993" (porque después de la Expo todo se puso patas arriba), sólo fue una toma de aire entre dos alzas explosivas, la de 1986-1989 y la de 1998-2006, esta segunda financiada con hipotecón. Este segundo ciclo inmobiliario no tiene nada que ver con el que viví en los 60s y 70s. Este es bestial. La construcción es la locomotora indiscutible. La crisis conlleva la muerte del modelo económico vigente.

Hay gente que dice que no ve que los pisos bajen y/o que están bajando poco. Eso es porque hay dos mercados como ya explicó Borja Mateo, uno de segunda mano que es real donde la gente compra y vende de forma dinámica y un mercado de vivienda nueva que está intervenido y congelado por los bancos sobre todo a través del Banco Malo (SAREB) cuyo objetivo es que los precios no bajen para poder desplumar a los últimos incautos de la burbuja para que compren lo más caro posible. Esto está en clara contradicción con el Memorando de entendimiento de la UE que ordenaba claramente romper el vínculo político de las cajas de ahorros con sus respectivas regiones (cuyo máximo exponente es Caixabank- CIU) y proceder a un abaratamiento radical en el precio de la vivienda para pinchar la burbuja y reactivar la economía asumiendo las pérdidas en un plan de rescate que al final van a pagar los contribuyentes españoles y el ciudadano de a pie. Esto se ha incumplido, en Europa lo saben y tendrá sus consecuencias, empezando por la credibilidad de los españoles que ya de por sí es baja en los países "Core" (del núcleo) europeos. ¿Es culpa de los alemanes que los españoles mientan otra vez más?[38]

---

[38] Europa, sobretodo Alemania, nos está prestando el dinero para hacer eso y no se está gastando en las condiciones que ellos nos prestaron.

Esa gente que no baja y que está pillada por la burbuja inmobiliaria o aspira a estarlo a través de la vivienda desean expandir e inflacionar (no a la austeridad) para que la inflación se coma la deuda en un proceso de empobrecimiento masivo. Ese es el principal motivo por el que se echan pestes de la UE personificada en Alemania. Son gente que están en contra de los tiempos porque la transición que estamos haciendo ya significa por fuerza:

> Más Unión Europea.
>
> Más comercio exterior.

Sus ideas se suman a las de los independentistas y regionalistas ("fascistillas de provincias"[39]) que chocan con la UE más que con España.

Los medios de comunicación siguen su propia dinámica. El terreno en el que hay más libertad para bien o para mal es internet, lo que permite que muchas personas amparadas en el anonimato cuenten cosas que no pueden contar en la vida real si no quieren sufrir represión. En Internet se encuentran siempre las primeras fugas que llegan al público, el problema es que el exceso de información es tal y hay tanto "troll" en la red que hay que aprender a filtrar la información.

Si que hubo gente que nos advertía de la crisis, de la burbuja inmobiliaria y de lo que se nos vendría encima con más o menos precisión. Al principio eran ahogados por el resto de internautas que repetían sus dogmas de fe en el sistema económico español pero hubo alertas que no quisimos o no pudimos ver. En la vida real la situación era aún peor. Muchas personas optaron por dar la razón como locos a la gente y no abrir la boca ante lo que se venía encima si uno osaba denunciar la burbuja inmobiliaria o advertir a alguien que las compras que estaba haciendo posiblemente no las podría pagar en el futuro.

---

[39] PPCC dixit. Referencia sobre todo al independentismo catalán y vasco.

Hay veces que es mejor dejar que la realidad se imponga aunque el problema se agrava y nos dedicamos a culpar a terceros y lavarnos las manos. Cómo administrar ese dolor y ayudar a los derrotados es una de las grandes cuestiones a dilucidar. Ahondar en la devaluación interna a nivel precios para que la gente disponga de más renta, borrar el precio de la vivienda como ecuación de las generaciones venideras y asegurar una vivienda digna para los que han perdido su vivienda son ideas elementales pero insuficientes por si mismas porque necesitamos cambiar el modelo económico. No podremos hacerlo si se sigue negando la burbuja inmobiliaria y se admite que es algo que han alimentado todos los partidos del régimen del 78.

Veamos una cita del 22 de mayo de 2008. Busquen en la hemeroteca de los periódicos On-line para ver cómo estaba el ambiente en ese momento si no lo recuerdan con precisión. Ese mismo día en el periódico "El País" el secretario de economía Vergara decía que "nada apunta (que una recesión) sea algo posible". España crecía al 1'8% y el consumo de los hogares era el 56% del PIB.[40]

Ya había nubarrones en el horizonte pero aún Lehman no había declarado su quiebra, lo hizo en septiembre, cuatro meses después.

---

[40] Consumo interno +Ladrillo. Pilares económicos ppcc.

> 3.-Superpuesta a la actividad económica ordinaria, teníamos montada LA FERIA, una actividad extraordinaria y efímera que nos ha permitido fardar de un puñado de malditos datos-PIB. En aquellos precios inmobiliarios que subían a golpe de 17%s, que todo el mundo decía que eran un "barbaridad", estaba ya escrito este final. Ahora, debemos rechazar por hipócritas y cínicos a los que se nos presenten haciendo como que están sorprendidos de lo abrupto que está asiendo el "fin de feria". ¡Todos sabíamos que esto iba a pasar!. Nosotros llevamos años dando fechas concretas y todo, sólo leyendo entre líneas lo que nos dice el Banco España. Ahora toca RECESIÓN 2008.

Hay muchas cosas que reseñar del pensamiento PPCC.

Mucha gente dice que la crisis es "financiera". ¿Qué crisis económica no es financiera?.Todos los modelos económicos mueren por estrangulamiento financiero. Decir que una crisis es financiera es lo mismo que decir que una enfermedad es un problema de salud. Por sí mismo no explica nada. Lo que hay que saber es qué produce la crisis financiera. La crisis financiera la produce la deuda inmobiliaria por lo tanto el origen de la crisis está en el sector inmobiliario.

> **Decir que una crisis es financiera es lo mismo que decir que una enfermedad es un problema de salud.**

Esta introducción para los desconocedores de la gente que nos advertía de la burbuja inmobiliaria es un minúsculo resumen de todas las ideas que se han escrito pero hay algunas muy potentes que la gente con cierto sentido común y conocimientos debería conocer.

| Hay que comunistizarse para salvar el capitalismo. |

El pensamiento que hay en España por parte de los españoles está muy marcado por los acontecimientos históricos e ideológicos que hemos tenido. Somos una nación muy especial en su historia y eso tiene mucho peso en las ideas de la gente común en el día a día aunque no sean conscientes de ello y desconozcan que fuera de nuestro país no solo no se tiene por qué tener las mismas ideas y pensamientos que los españoles sino que chocan mucho con el pensamiento exterior.

La frase de PPCC "hay que comunistizarse para salvar al capitalismo" tiene mucho calado.[41]

España no es un país donde el marxismo haya tenido mucho éxito entre el movimiento obrero, quién realmente lo tuvo fue el anarquismo que es otro tipo de socialismo pero es utópico frente al marxista que es científico. Eso tiene un poso ideológico muy fuerte que en cierto modo aún late en el fondo de la sociología del español medio. El Estado es odiado, temido y se le demanda todo tipo de servicios al mismo tiempo por millones de españoles. Hay una contradicción de base que no es la única entre las clases populares-obrera (muchas de ellas disfrazadas como falsas clases medias con aspiraciones hoy día)

Por ejemplo muchos españoles tienen una idea cerrada de lo que es el antifascismo y les cuesta entender que los liberales sean antifascistas o que las derechas democráticas de UK y EEUU sean profundamente antifascistas. George W Bush es un antifascista y no hay la menor duda que le hubiese declarado la guerra a un régimen fascista rápidamente. Eso en España no se entiende porque la palabra está asociada a "izquierda", lo mismo sucede con los republicanos españoles que no entienden que Ángela Merkel, George W Bush o Silvio Berlusconi sean republicanos, gobiernan o

---

[41] Entiendo que él habla de un comunismo cristiano pues es católico confeso, pero aunque es capitalista en su método de análisis es claramente marxista, cosa que no es incompatible tal y como aprendimos en la facultad de Ciencias Políticas en la Complutense de Madrid.

gobernaron repúblicas. La CDU alemana (derecha) o el partido de Berlusconi son partidos Republicanos sin ir más lejos.

Pues bien a los españoles les pasa lo mismo con el capitalismo. No se entiende en la calle que el capitalismo pueda tener enemigos más allá de la izquierda y eso que la izquierda actual es totalmente capitalista aunque propugna un capitalismo basado en la primacía de la demanda y en la distribución de rentas mediante subvenciones (paguitas).

Al margen de la burbuja inmobiliaria hoy día tenemos dos tipos de opciones capitalistas sobre el papel.

Por un lado los capitalistas del lado de la demanda. (Izquierda).

Por otro lado los capitalistas del lado de la oferta (Derecha).

Los primeros defienden el gasto como motor de la economía, la no austeridad y el gasto público. Todo totalmente ligado entre sí para crear una demanda que compre productos, bienes y servicios. En esa teoría al tener la gente una capacidad de compra y al haber una demanda se crea una oferta-empresa para satisfacerla. Resumido rápidamente: darles dinero a los trabajadores para que éstos compren que los empresarios ya se encargarán de fabricar lo que los obreros demanden ya que éstos van a tener capacidad de compra.

En el otro lado están los segundos, los capitalistas de la oferta. Según ellos hay que dar todo tipo de facilidades para crear una oferta de productos porque son ellos los que generan el empleo y de ahí viene el poder de compra de los consumidores. Estos propugnan impuestos bajos, austeridad, y reducción del gasto público. Con esas características sobre el papel es fácil hacer una empresa y generar empleo para que se compren los productos.

El resto varían en un poco de gestión presupuestaria y según los partidos políticos de turno algunas ideas sobre cómo repartir el gasto público, enfoque de cuestiones territoriales, leyes sociales, etc... El problema viene cuando ambos han montado una burbuja inmobiliaria y han gripado la economía productiva endeudando a sus jóvenes e hipotecando al futuro del país.

Lo imprescindible a entender es que el capitalismo tiene otros grandes enemigos que no vienen de la izquierda precisamente y que destaca entre ellos el rentismo o capitalismo-rentista que ha surgido fruto de la burbuja inmobiliaria cristalizada en una suerte de régimen económico de tipo "capitalismo popular".

El rentismo y la burbuja inmobiliaria han destruido la economía ordinaria y estamos en fase de reordenación de la misma. El proceso va a consumir muchos años haciendo mucho daño a la gente con niveles de desempleo insoportables y con un aparato productivo raquítico y contaminado.

La burbuja inmobiliaria no es lo único. Está entroncada dentro del "capitalismo popular", hay otro factor que ha gripado la economía real: los sueldos demasiado elevados de los directivos de empresa. España es una economía de **Pelotazos y Sueldazos**. Las retribuciones de los directivos son abusivas y se hacen a costa del salario de los trabajadores de las empresas. El sueldo del presidente de Iberdrola en 2012 fueron 5,5 millones de euros sumando el fijo y las variables. Con ese dinero se puede pagar más de 1000 euros netos a 300 personas (que en realidad son familias enteras) al año o al gobierno en pleno (presidente +ministros) y sobraría dinero. El consejo de administración de Iberdrola percibió en 2012 4,6 millones de euros, también más que el gobierno de España. Las noticias encontradas en prensa parecen darle la razón a PPCC.[42]

En Marzo de 2013 en Suiza se celebró un referéndum para limitar el sueldo de los directivos. Ganó el sí con casi el 70% de los votos. La Unión Europea, unos días después el portavoz de mercado interior de la Unión Europea Michael Bernier anunciaba que iban a presentar una propuesta similar a finales de 2013 para limitar los salarios (abusivos) de los directivos y aumentar la transparencia en los pagos a través de los accionistas. España ni está ni se le espera en este asunto, así que será Europa la que acabe imponiendo estas medidas para salvar la economía ordinaria. ¿Cuántas trampas se harán en España para burlar esto cuando se implemente? Estaremos atentos.

---

[42] Fuente CincoDias 17/04/2013

La cuestión es que desde hace mucho tiempo hay una serie de debate sobre la izquierda que están ahí presentes y que no ocupan la primera línea, uno de ellos era la redefinición de clase obrera. ¿qué es clase obrera?. ¿un controlador aéreo que gana 200.000 € al año es un obrero? ¿un comerciante que tenga una tienda y se saque limpio al mes 1000 € es un empresario?. El debate está ahí subyacente, a veces sale de forma indirecta y llega al público como cuando se produjo la polémica huelga de controladores aéreos abortada por el Estado de Alarma que decretó el gobierno de turno. El otro gran debate es la refundación ideológica de la izquierda tras la caída del muro de Berlín el eurocomunismo y la socialdemocracia tradicional. La sensación es que la izquierda cada vez representa menos a las clases obreras de sus respectivos países y que éstas les están empezando a dar la espalda y empiezan a votar a otras formaciones políticas, algunas de ellas de corte populista. La izquierda abandonó el marxismo y la lucha de clases y se abandonó al terreno de "las ideítas" y de una serie de políticas basadas en la defensa de la demanda sobre la oferta en economía, la defensa a muerte en la construcción nacional de lo que consideran "países oprimidos" y el aumento de la oferta de mano de obra de trabajo en los países por dónde han ido pasando todo ello lleno de argumentos totalmente contradictorios que producen más problemas de los que resuelven.

El sindicalismo cada vez más burocratizado y más alejado de las bases ha producido un distanciamiento con los trabajadores que parece muy difícil de salvar en muchos países europeos, empezando por España. La izquierda no parece tener salvación si no vuelve a ser la izquierda de antes y vuelve a la lucha de clases entendida como la defensa de los salarios y el poder adquisitivo de los trabajadores (en un mundo global compitiendo con dictaduras como la China que emplean mano de obra semi-esclava) y la defensa de una política de vivienda digna y barata para los trabajadores.

Veamos unas notas importantes sobre el sector público y la importante aportación de PPCC:

El sector público tiene 5 escalones:

1)-Administración pública local (Ayuntamientos y Diputaciones provinciales, éstas importantísimas en País Vasco porque son las dueñas de todo el sistema tributario)

2) Regional (CCAA)

3) Estatal ("Madrid")

4)- Supraestatal (UE)

5) Mundial (ONU, FMI,...)

En España es primer peldaño es muy mejorables, el segundo está claramente sobredimensionado y en rebeldía constante con el 3 y a veces con el 4 y el 5 pero por mucho que se quiera negar o no se quiera ver esta organización es la que hay.

Habrá 3 cosas en el futuro:

-"Automizazo": "castración" de las sobredimensionadas y rebeldes comunidades autónomas.

-"Pensionazo": Bajada nominal de las pensiones, sobretodo de las abusivas que se concentran en el tercio superior de los jubilados que además son los grandes triunfadores de la burbuja inmobiliaria

-"Ladrillazo": Bajada drástica del precio de la vivienda y los locales hasta el punto de ser semi-gratuita en los casos de provisión básica.

Cuando murió el dictador Franco España tenía bien desarrollado los niveles 1 (local) y 3 (central) pero no estaban desarrollados los niveles 2 y 4. Desarrollar el nivel 2 era algo necesario. España necesitaba una organización regional al igual que las 300 y pico regiones que componen Europa, no se trataba de algo especial como reclamaban los nacionalistas para sus regiones (Cataluña, País Vasco, y Galicia + Andalucía)[43]. España se dotó de sus regiones porque lo necesitaba y lo hizo además con la fracasada intención de frenar a los nacionalismos periféricos. Fue lo que se llamó "el café para todos" y que tanta rabia da a los independentistas pues no les reconoce como algo diferente y especial. La organización regional era necesaria, pero se ha sobredimensionado y ha debilitado en extremo al Estado central. Representa más de la mitad del gasto del

---

[43] PSOE Andalucía= "CIU del sur" según comentarios en La Vanguardia por parte de uno de sus columnistas independentistas.

PIB y no han sido eficientes en su cometido. Habrá que castrarlas en el futuro como parte inevitable del proceso de ajuste al nuevo modelo. Será con presión europea sin lugar a dudas. Los independentistas, regionalistas y "barones" de turno (caciques) se opondrán con firmeza y habrá fobia a Europa por todas partes, prepárense para eso.

En la facultad nos enseñaron que las mafias aparecen cuando el Estado pierde su presencia. Las mafias son el sustituto del Estado. En España están asentadas y blanquean dinero mafias de medio mundo sin embargo no existe una mafia española como tal. Eso es porque las Comunidades Autónomas han ejercido en cierto modo el papel de la mafia. ¿Cuánto dinero negro vinculado al ladrillo, la obra pública y las redes clientelares mueven en las Comunidades Autónomas de España?[44]

---

[44] Nota del autor no de PPCC.

Algunos cuadros del pensamiento- ideas PPCC:

ALQUILER 99-99
99 euros netos mensuales
99 años de vida útil contable
99 X 12 X 99 = 120.000
99 X 12 / 1% = 120.000
Razones:
- stock
- emprendimientos
- capital
Consistencia:
- 26 mill. casas
- 17 mill. familias
- 17 mill. empleados
- 1,7 mill. familias con todos desempleados
- 28% desempleo
- 16 mil eur. brutos, salario más frecuente
- 66.666,66 eur., deuda por habitante

Fases de la crisis:
1) Shock
2) Negación
3) Culpa
4) Ira
5) Depresión
6) Aceptación

Sector Público:

> Administración pública local (Ayuntamientos y Diputaciones provinciales, éstas importantísimas en Euskadi porque son las dueñas de todo el sistema tributario)
>
> 1) Regional (CCAA)
> 2) Estatal ("Madrid")
> 3) Supraestatal (UE)
> 4) Mundial (ONU, FMI,...).

> Economía de doble zanahoria:
> -Pelotazos (ladrillo)
> -Sueldazos

> 5 columnas del enemigo "nuncabajista"[45]
> 1) bajar nunca bajan
> 2) alquilar es tirar el dinero
> 3) el dinero no renta nada
> 4) venderse todo se vende
> 5) esta zona va para arriba

> -El capitalismo a secas y su estado del bienestar no están en crisis.

---

[45] Los que decían que la vivienda nunca bajaba de precio e inducían a error a la gente para que comprase.

-Hay que re-sindicalizar en rojo a la clase trabajadora, apeándola de las fantasías animadas de ayer y hoy del capitalismo popular y del nacionalismo étnico-cultural-territorial.

-Sólo los idiotas creen que esta casta de trabajadores reaccionarios (directivos) no tiene nada que ver en la crisis.

-La represión financiera y fiscal es buena

-La debilidad estructural de la demanda de consumo es la gran obra de la casta de trabajadores directivos corporativos

-A menudo se nos olvida que tenemos como gobernantes exactamente a las mismas personas que ya sufrimos durante la segunda alza explosiva de la burbuja-pirámide generacional.

1] La burbuja-pirámide generacional, que es internacional, ha sido en el sector privado, no en el público; y
2] En España, la casta corporativa abandonó el modelo productivo a la monolocomotora inmobiliaria.

-La generación nacida entre 1940-1955 ha fracasado.

-De esta se sale transicionando a un nuevo modelo.

-El bancaculpismo es estéril y el desfalco no es de ahora.

-La postura ante "el pisito" es la prueba del algodón

La culpa de la crisis está en que la mayoría natural en España es reaccionaria:
- inmomutilados;
- terruñistas; y
- jubilados.

-Hay corrupción en España porque España, ahora, mayoritariamente es así.

-Hay 25 millones de viviendas para 17millones de hogares.

-¿Qué emprendimientos de economía ordinaria va a haber si los trabajadores tienen que ganar tres sueldos:

- el suyo;
- el del casero; y
- el de un pensionista o parado?

La mayoría del electorado es reaccionaria [refractaria a la transición estructural] y está constituida por:

- jubilados;
- inmomutilados; y
- ¡terruñistas! (nacionalistas, separatistas, regionalistas).

-No hay norte porque el único norte que puede haber duele a la mayoría.

-Ideas y forma de actuar de los pro-burbuja:

1.1. Bajar baja poco
1.2. La banca tiene la culpa
1.3. Hay sitios y sitios

2.1. Inflacionismo
2.2. Expansionismo
2.3. Estajanovismo

TRES PILARES.-

Pilar I: recaudación pública + gestión pública

Pilar II: recaudación pública + gestión privada

Pilar III: recaudación privada + gestión privada

A los nacidos entre 1960 y 1980 os han timado en cinco ámbitos:

- Universidad;
- Empleo;
- Vivienda;
- Familia; y
- Pensiones.

Nosotros, los ppcc, no vamos a dar ninguna batalla por vuestras pensiones. Solo queremos que quede por escrito bien claro lo siguiente:

- PARA SACAR "VOLUNTARIAMENTE" A LOS NACIDOS ENTRE 1960 Y 1980 DEL PILAR I Y METERLOS EN EL PILAR II, SE VA A MONTAR EL MAYOR FESTÍN BURSÁTIL DE LA HISTORIA EN PLENO PENSIONAZO.

Os vais a tirar toda la vida:

- haciendo como que, a diferencia de generaciones anteriores, sois buenísimos estudiantes, compitiendo a muerte con vuestros compañeros, ante los ojos atónitos de vuestros formadores;
- lamiendo el trasero a cabroncetes en las empresas, con la espada de Damocles del despido gratuito que vosotros mismos aplaudiréis cínicamente;
- pagando toda la vida un pisito que no vale nada y sacando pecho por él, en perjuicio de la economía ordinaria;
- malviviendo en familias desestructuradas, envidiando las convencionales; y
- sin pensiones.

3. LA CRISIS

EL ESQUEMA DE LA CRISIS

No olviden nunca que el origen de esta crisis está en el sector privado y su deuda. Muchos sectores interesados van a intentar hacerle creer que la deuda la provocó el sector público con su ineficiencia. Aunque el sector público está hipertrofiado y sobredimensionado y se han hecho multitud de cosas mal no es el origen de la crisis como tal. El origen de la crisis es la deuda contraída por el sector privado.

El grueso de esa deuda es de origen inmobiliario. Unos 3/4 del total de la deuda están vinculados al ladrillo.

Por mucho que oigan hablar de la deuda pública en los medios con multitud de connotaciones compárenla con la privada y presten atención que el volumen de la deuda privada es muy superior al de la pública. Sobre todo en lo relativo al mercado hipotecario.

Hay un esfuerzo enorme por conseguir hacer creer a la gente que el origen de la deuda está en el sector público. Eso es rotundamente falso y los números lo prueban, aunque derrumbada la fantasía derivada del ladrillo ha quedado claro que el sector público ha quedado hipertrofiado, se ven sus deficiencias y su saqueo, especialmente en las administraciones regionales (Comunidades Autónomas) y locales.

En 2013 estamos en la fase 4 del esquema. La que popularmente se conoce como "socialización de las pérdidas". Esa deuda privada monstruosa de origen inmobiliario se está trasfiriendo como deuda pública a través de varios mecanismos. Pero los que originaron este desorden económico fueron los "señores del ladrillo "y la política inmobiliaria y de obra pública llevada en los últimos 25 años..

Si en los países africanos tienen a los "Señores de la guerra" que devastan sus países y sus economías nosotros tenemos a los "Señores de los ladrillos" que han devastado el nuestro por generaciones. Hay más culpables. Muchos se reconocerán simplemente mirando al espejo. Especuladores a pequeña escala los ha habido por todas partes. Ha habido una obsesión por el pelotazo en la reventa de vivienda a precio cada vez más caro, ningún negocio ha sido tan rentable como el inmobiliario con el consentimiento tácito de prácticamente toda la sociedad y todos los actores económicos. Hemos sido el país de los "tontos de los pisitos", perdonen la expresión pero es que es muy gráfica y pertinente.

Lo que ha sucedido es un movimiento de la deuda de arriba hacia abajo (vean el esquema)

A su vez el sector privado tiene la mayor parte de su deuda en operaciones y promociones inmobiliarias. Aquí entra también la deuda de los particulares por la compra carísima de su vivienda y de los locales por parte del mundo de los negocios y de los pequeños empresarios, llamados ahora de forma cursi emprendedores. Hay cierta obsesión semántica por la modernización de conceptos.

Esta deuda privada hizo quebrar, de facto, a la banca. Especialmente a la banca pública (las cajas de ahorros). Pésimamente gestionadas y traicionadas a sí mismas en la esencia de lo que fueron en origen convertidas a sí mismas en prestamistas inmobiliarios y financieros de los caciques locales.

Hasta este punto la banca es víctima del colapso privado y de su gestión de la burbuja inmobiliaria. Sé que esta afirmación les chocará completamente a más de uno que estará acostumbrado en recibir por todos los canales de información el "frame" de que la banca es culpable y originaria crisis; lo cierto es que el proceso es mucho más complejo y avanzado, el no reconocer a la banca pública como parte de un proceso más complejo es uno de los pilares de resistencia del "bancaculpismo" exculpatorio e interesado por los sectores que se forraron con la burbuja y que ahora se articulan para mover los hilos y distraer las miradas a otro sitio y que nadie se pregunte dónde acabó realmente el dinero.

Los bancos son parte fundamental de la estructura económica de España desde siempre, por definición han sido siempre un elemento sistémico y con mucha fuerza. Los bancos hicieron valer su posición de fuerza y traspasaron la deuda de sus deudores al sector público. Para colmo los bancos quebrados en España eran públicos y ejercerían (aún siguen haciéndolo) chantaje emocional a través de "la obra social" y una suerte de integración vertical de clases "créditos a las rentas más bajas".

Que la deuda impagada a los bancos se transfiera al Estado es básicamente lo que se conoce como socializar pérdidas.

El Estado en sus 3 niveles (central, regional-autonómico y local) no puede hacer frente a esa deuda por si mismos.

Para colmo al colapsar el sector inmobiliario (sector privado originario de la deuda, no lo olviden) caen bruscamente los ingresos. Se hablaba de tasas de recaudación de hasta el 30% del ladrillo frente al 18% de media de otras actividades económicas. Estos datos podrán ser precisados, pero lo que no se podrá negar es que el ladrillo proporcionaba más ingresos que ninguna otra actividad a las administraciones regionales (CCAA) de las cuales es competencia la construcción y a las entidades locales (CCLL) que empezaron dar servicios a sus ciudadanos sin que éstos se preguntasen cómo se iban a pagar.

A partir de este punto las administraciones públicas hacen todo lo posible por mantenerse. Hacen lo que sea para seguir dando los mismos servicios con muchos menos ingresos ya que se les ha estropeado la monolocomotora económica del ladrillo.

Todo esto se traduce en una subida de tasas e impuestos a una población con una economía dañada y en muchos casos exhausta que por desgracia se muestra incapaz de mostrar prioridades a la hora de recortar el gasto público pues siguen demandando a las entidades locales los servicios que habían recibido hasta el pinchazo de la burbuja. Muchos de esos servicios no eran competencia de ayuntamientos o entidades locales, pero como había dinero por el ladrillo y era una forma de comprar votos se empezaron a dar esos servicios produciendo una duplicidad en el gasto entre administraciones. El momento de establecer prioridades llegará tarde o temprano o lo hará a través de Europa, pero no se podrá seguir como se sigue dando unos servicios que asfixian a los ciudadanos, la determinación de esas prioridades será uno de los puntos fuertes de la política española y motivo de debate, Educación o Sanidad deberían ser puntos intocables, los gastos superficiales habrán de ser recortados inevitablemente.

El problema más grave es que a todos los niveles, pero sobretodo en los 2 últimos (Comunidades autónomas-CCAA y Entidades Locales-EELL) están infiltradísimos de redes clientelares y empresas pseudoprivadas que viven de los contratos públicos que les lastran.

Todo esto (DEUDA PRIVADA + Administraciones públicas-AAPP+REDES CLIENTELARES) se traduce en un aumento desesperado de tasas e impuestos.

El presente y el futuro se resume en: pagar más para recibir menos.

El modelo, incapaz de mantenerse, se va debilitando poco a poco en un punto de no retorno. Este modelo económico tenía fecha de caducidad desde el principio y lo sabían pero no hicieron nada por solucionarlo porque las burbujas producen un efecto placer muy grande cuando están en pleno desarrollo, algo que pudimos ver en las palabras del ex-ministro Sebastián en el programa de televisión

Salvados "nadie quería ser el aguafiestas". La fecha de caducidad hace tiempo que la pasamos, pero la mayor parte de la gente sigue insistiendo en comerse el yogurt caducado. Los retortijones y los estertores son inevitables. Y eso que nos están diciendo que "no nos comamos el yogurt" (UE), pero de momento ni caso. La orquesta sigue tocando mientras el Titanic se hunde y la gente se ahoga con el pensamiento de que "cualquier tiempo pasado fue mejor".

Como la mayoría de la gente le tiene un apego inmenso al modelo anterior: (LADRILLO+ SUBVENCIÓN EUROPEA+ TURISMO+ CONSUMO INTERNO A CRÉDITO[46]) no se cambia de modelo. Se congela todo en espera de que la situación "vuelva a normalizarse". No hay consciencia que ese modelo está muerto y de que la "normalidad" vivida las dos últimas décadas ha sido una anormalidad.

Es en ese-este momento cuando se produce un choque con los estamentos superiores UE-FMI.

La UE desea firmemente que España pinche su burbuja y reoriente su economía pero no puede obligar a muchas cosas por mucho que le 70% de las normas aprobadas en los parlamentos nacionales sean normas europeas. La UE tiene poca fuerza pero está dispuesta a usarla totalmente para cambiar el modelo de España. En España se produce lo contrario, el gobierno de España tiene fuerza en sus 3 niveles para cambiar el modelo pero no desea hacerlo porque no hay caudal político para hacerlo, hay un apego gigantesco al modelo muerto y porque cambiar de modelo lleva implícito reconocer que nos hemos equivocado por parte de las personas que vivieron la transición (Generación T-Triunfadora) y que éstas han practicado (la inmensa mayoría sin querer) una política suicida de tierra quemada con respecto a las futuras generaciones por medio de la política de vivienda y el precio de todo lo relacionado con lo inmobiliario.

Los políticos son profesionales que le dan a la gente lo que demanda a corto plazo. Esa es su forma de administrar, si la gente no desea cambiar el modelo económico no lo van a cambiar por mucho que en las tertulias se hable cínicamente de cambiar de modelo mientras los propios tertulianos tienen todo su patrimonio y

---

[46] Terminología PPCC=Eurpedigüeñitis, lumpenturismo.

deudas metido en ladrillo. Por eso se produce la táctica europea de apretar lo que se pueda para que internamente se acaben produciendo los cambios que lleven a crear el caudal político que cambie el statu-quo de España o de Grecia. Dos países unidos por la corrupción, el nepotismo, la ineficiencia económica y la pasividad de la mayoría natural que componen esas sociedades por muchos conatos de violencia que hayan salido en TV en el caso griego. En los conatos griegos solo ha muerto 1 persona + los suicidios que ha habido que son tema tabú, igual que en España, y no se analizan seriamente porque desvelan problemas con mucho fondo en lo económico y en lo social que harían replantearse muchas políticas y legislaciones. Aún así esa cantidad de muertos no son números para cambiar un régimen. Están muy lejos de eso. Además un régimen se puede cambiar sin muertes, aunque históricamente no es el proceso natural vivido a escala planetaria. La otra transición española tuvo a sus espaldas una pila de muertos enorme: Grupos terroristas como ETA, GRAPO y los GAL y la droga, otro tema tabú, que acabó con la incipiente delincuencia juvenil producida por el desempleo masivo que trajo el fin del régimen y la crisis de petróleo de finales de los 70, dejaron muchas muertes en ese proceso.

Aunque no parezca que la UE lo esté llevando a cabo es lo que están haciendo.

En el caso de España se opta por "congelar todo" con la esperanza de poder resucitar el modelo muerto en cuanto se pueda (LADRILLO + SUBVENCIÓN EUROPEA+TURISMO+ CONSUMO INTERNO A CRÉDITO, que dicho sea de paso con las rentas de trabajo que hay poco se puede consumir sin crédito).

"Congelarlo todo" es inútil porque esa estructura económica ha fracasado para siempre.

El modelo muerto tenía fecha de caducidad y el proceso de transición tiene fecha de implementación. La pregunta es:

¿Cuándo cambiará el modelo económico?.

Para cambiar de modelo hacen falta años.

Hay que transicionar de un modelo a otro. No se cambia de un día para otro.

Ahora mismo estamos en una situación análoga a la vivida entre 1975 y 1986. Estamos transicionando de un modelo político-económico a otro.

Por decirlo una forma muy clara. Los que le tienen apego al modelo muerto (ladrillo…) son el equivalente a los franquistas del ayer. Con la diferencia que en 1978 la mayoría de la gente quería cambiar de régimen y hoy día NO.

Vienen tiempos difíciles pero eso no significa que no se vaya a cambiar de régimen y que no acabe habiendo una reforma constitucional de gran calado en unos años.

La reforma constitucional será consecuencia del cambio de régimen no causa del mismo.

Las burbujas tienen un ciclo de unos 25 años y unos 15 años para transicionar.

Nuestra burbuja se inicia en los años 80, posteriormente hay dos alzas expansivas. Muy especialmente la que se da cuando empieza el euro, bajan los tipos de interés y entramos en una situación de interés real negativo (IR-) que nos inunda de crédito baratísimo.

Entre 2006 y 2008 se inició el largo proceso de transición de unos 15-20 años. Se hizo muy a desgana e impuesto por la realidad y la UE pero ya está en marcha y es inevitable. Como se ha optado por congelar todo seguramente el proceso de transicionar se alargue más allá del 2025.

El otro gran problema de una transición económica es que es muy cara. El modelo al que ha de optar España (y no le queda otro) es el de la producción de bienes de equipo y la exportación. Hacer ese cambio es difícil porque necesitamos mucho dinero para hacerlo y no lo tenemos. Es más, nuestra situación es crítica porque somos el segundo país del mundo más endeudado si sumamos todas las deudas (privada + pública) y no nos van a prestar otra vez hasta que no vean que vamos en serio, que hay un norte, y que se está devolviendo lo que se debe.

Además la deuda nos ahoga y dos facciones pelean entre sí sin querer cambiar el modelo productivo ahogando a las generaciones. Los anti-austeridad pelean contra los pro-austeridad que en general defienden una austeridad ineficiente donde se confunde recorte ideológico con consolidación fiscal, es una austeridad centrada en el gasto social, la educación y la sanidad sin llegar a tocar las redes clientelares y las dos grandes partidas del Estado: modelo de Estado y pensiones.

Lo cierto es que cuando la capacidad de tu economía es inferior al endeudamiento y se es un adicto a la deuda entonces lo peor que puedes hacer es darle al deudor más deuda para que ejercite su adicción a la deuda. Eso es una patada adelante que hace ganar tiempo pero agrava el problema porque aumenta la deuda, los intereses de la misma y la capacidad de pagarla disminuye aún más. Una posible forma de darle a la vuelta sería una subida de tipos que no parece que vaya a dar. Los tipos al 5% solucionarían el problema de los adictos a la deuda y daría lugar a los emprendedores. En el proceso sufrirían el mercado inmobiliario pero se trata de pinchar una burbuja y cambiar de modelo por lo que al final habrá que aplicar el dicho español "no se puede hacer una tortilla sin romper unos huevos "y tomar medidas impopulares. Acabar con el sector del ladrillo tal y como lo conocemos, reducirlo, reorientarlo, profesionalizarlo y acabar con el lastre que supone pagar unos precios sobredimensionados.

El precio de la vivienda está sobrevalorado. Se ha orientado toda la demanda en contra del alquiler a la compra de vivienda. El resultado ha sido unos precios muy por encima de los precios reales de equilibrio. En la red se coincide que el precio de una vivienda en equilibrio está entre 4 y 4,4 veces el salario bruto medio, en España en el pico de la burbuja este índice se llegó a triplicar, lo que indica que el precio de la vivienda ha de disminuir más de un 65% sobre pico de la burbuja. Si los salarios caen, y lo van a hacer con fuerza pues estamos involucrados en una devaluación interna, el precio de la vivienda caerá aún más. El Salario bruto medio en España es de unos 16.000 euros brutos. 16.000x4= 64.000 euros precio medio de una vivienda estándar. Unos 3 millones de familias tienen hipotecas sobre casas que valen mucho menos que lo que ellos han pagado por ellas.

> El precio de equilibrio de una vivienda es aproximadamente el salario bruto medio multiplicado por 4.

¿Quiénes son los culpables?

Hay cuatro categorías de culpables:

-Los Jugadores (compradores inmobiliarios)

-Los Reguladores (los políticos).

-Los Prestamistas (Los bancos).

- Los Comunicadores (la prensa).

El juego que hay en el día a día cuando estamos en fase de negación consiste en culpar a uno o varias de las otras cuatro categorías cuando tu formas parte de una de las mismas.

Aun así la culpa puede ser inducida porque se quiera ocultar dónde ha quedado el dinero porque surgen cuatro tipos de clase sociales.[47]

-Los ganadores

- Los ex-triunfadores.

-Los inmomutilados.

- Los indultados.

A los ganadores del proceso les interesa que nadie les culpe de tener el dinero acumulado allí donde esté. El dinero lo tienen, todavía, y no están dispuestos a ponerlo a producir si no se dan las condiciones que ellos perciban como necesarias para moverlo.

---

[47] Terminología PPCC.

Si por ellos fuese volvían al negocio inmobiliario. El resto de sectores ni tocarlo. Eso es pura ruina económica para todo el país. El problema del mundo del ladrillo es que no saben hacer otra cosa que no sea más ladrillo, pelotazo y rentismo puro y duro, pero prácticamente son de los pocos que aún tienen el dinero.

¿Quiénes son los ganadores?

Muchos son conocidísimos. Están ahí a nuestro lado. Son los que dieron el pase con una plusvalía brutal. Por ejemplo: ese vecino que adquirió un inmueble en los 90 por 100.000 euros y lo vendió por 300.000. La gente mayor que compró su vivienda por dos duros durante el franquismo y la vendió luego por un dineral a una pareja joven o toda una constelación del mundo de la construcción, promotores, constructores, tasadores, empleados, que directamente han gozado de jugosas plusvalías por el negocio inmobiliario.

Los hay también del mundo inmobiliario que se han arruinado. Los que no supieron irse a tiempo cuando pinchó la burbuja allá por 2008.

¿Quiénes son los ex-triunfadores?

Son fundamentalmente la gente que sobre el papel había hecho una buena compra y su patrimonio inmobiliario había sido una gran inversión a la que ya le sacaban una jugosa plusvalía. Son gente que no se arruina totalmente en el proceso pero ha perdido un dinero muy cuantioso. Fundamentalmente compradores de viviendas y locales que compraban y al poco tiempo presumían de cuanto "se había revalorizado" su bien inmobiliario pero que ahora van tomando consciencia que van a pagar mucho más por su vivienda que su valor real.

¿Quiénes son los inmomutilados?

La gente que ha quedado pillada para el resto de su vida en una hipoteca que le va a ahogar y va a condicionar todo su gasto hasta que se mueran de una forma muy drástica. Son fundamentalmente la gente a la que se le indujo al error de comprar a toda costa y que por circunstancias biológicas y sociológicas estaban ya en edad de necesitar una vivienda para vivir su vida y formar su familia.

Muchas de estas personas compraron una vivienda porque la necesitaban y el sistema hacía que no mereciese la pena alquilar (Interés real negativo, régimen fiscal con sus desgravaciones, legislación vigente, presión social y mediática). Aunque en toda la estafa de la burbuja inmobiliaria ha estado presente la idea de revalorización del pisito (sin la cual no habría habido burbuja inmobiliaria) muchas de estas personas, aunque lo tenían presente, su idea principal era comprar una vivienda para vivir no para especular. Sin embargo ha habido otro grupo de inmomutilados muy numeroso que si que compraron con la idea de revender y hacer negocio como nunca que se han visto pillados por el pinchazo de la burbuja y cuando quisieron hacerlo ya conseguían menos dinero que el que pedían. Muchos de ellos además han comprado más de una vivienda "para invertir", desde segundas residencias en la costa, a locales, naves, plazas de garaje... que ahora son una ruina por el coste de la hipoteca, su mantenimiento y que no se pueden vender ni para recuperar la inversión efectuada. Con esta última gente no hay que tener ni pizca de lástima, toda inversión puede salir bien o mal. En una burbuja la inversión acaba mal si no te sales a tiempo sin contar con el daño hecho a terceros. Hay que aprender la lección para que esto no vuelva a pasar nunc más en ninguna parte del mundo. España va a pasar a la historia y a muchos manuales de economía como modelo de una burbuja destructora y como país que ha hecho las cosas como no se debe hacer con la complacencia y cierto punto de arrogancia y soberbia de los que han habitado el país. Nos han hecho un daño a todos irreparable, sobre todo los que se han centrado en las viviendas. Si a estos especuladores de poca monta les ha salido mal la inversión es un problema que deber ser exclusivamente suyo y no debe ser transferido a los demás bajo ningún concepto. Es muy diferente arriesgar tu dinero montando un negocio o una empresa que hacerlo especulando inmobiliariamente, los primeros merecen segundas y terceras oportunidades aunque en el acervo cultural español no está presente la idea de la segunda oportunidad para el emprendedor si está presente la ética del perdón para el pobre (el arruinado) y la de no reconocer culpas propias. Muchos de estos especuladores están arruinados por las viviendas. Según vayan pasando los años la losa de la deuda va a ser mayor por varios motivos: por la devaluación interna y por el aumento de la presión fiscal sobre los bienes inmobiliarios, como decimos en España "En el pecado va la penitencia. No puedo parar de acordarme siempre de una conversación que tuve con un europeo del este (ruso o búlgaro por el acento) en un evento musical. Me dijo, "España es un país de lagartijas que quieren ser cocodrilos", ¡qué bien supo palpar el ambiente inmobiliario de la España de 2005!.

Por último está el peor grupo de todo: los desahuciados. Tema que intencionadamente no voy a tratar en este libro. Solo voy a hacer una cosa con respecto a los desahuciados: citar a Borja Mateo. "los pisos ni tocarlos, el que compre ahora es carne de desahucio". El que compre ahora está advertido, salvo que la compra sea muy barata y no le suponga un gran esfuerzo es carne de cañón. Hay que ser muy prudente cuando la situación económica se está hundiendo. Como dicen en foros donde se denuncia y ataca la burbuja inmobiliaria: "nadie debe coger un cuchillo cuando está cayendo".

La vida del inmomutilado va a ser muy gris. Levantarse por la mañana y trabajar sin descanso para pagar su deuda a cambio de un bien que le va a dar pocas alegrías y que le va a recordar día a día su pérdida patrimonial. Los desahuciados pagarán su deuda. No tengo duda que no habrá tal cosa como la dación en pago con efectos retroactivos. Una vivienda alternativa a 100 €/ mes como propone PPCC sería la solución pues los salarios no pueden embargarse totalmente y los desahuciados por mucho que tengan que pagar una hipoteca deben seguir disponiendo de una parte de su renta (Salario Mínimo Interprofesional) con el que poder vivir. Debe haber una solución para esta gente y pasa por abaratar radicalmente el precio de la nueva vivienda.

¿Quiénes son los inmoindultados?

Aquellos que no tienen hipoteca tienen una oportunidad. Han quedado indultados de la cadena que supone una hipoteca en una burbuja inmobiliaria colosal. Esta situación incluye a cuatro grupos:

-Los que a pesar de todo optaron por alquilar.

-Los que eran demasiado jóvenes para comprar.

-Las generaciones futuras.

-Los que no compraron porque no pudieron.

La burbuja inmobiliaria además de ser una estafa intergeneracional tiene el problema de que ha reclutado para sí misma lo mejor de la juventud de nuestro país que está totalmente hipotecada. Muchos ya no son tan jóvenes. Los que compraron a finales de los 80, durante todos los 90 ya superan la cuarentena. Estos se libraron del alza explosiva que supuso el euro y están menos mutilados que los que compraron en la década de los 2000. Los que compraron más caro en términos tanto absolutos como en términos relativos fueron la generación del euro.

Hay un interés por parte de El Sector Inmobiliario de reclutar a tantos jóvenes indultados como se pueda para meterles la cadena de la hipoteca y librarse de los últimos pisos que se acumulan y parecen invendibles. La estrategia del "están baratos", "es un gran momento para comprar", "ya no quedan chollos" o "se ha tocado fondo" se sigue repitiendo periódicamente. Mientras se escuchen estas ideas sabemos que el precio de la vivienda no ha tocado fondo porque siguen los mismos trileros que antes queriendo vender los mismos pisos. Solo aquel que compre muy barato podrá librarse de una pérdida patrimonial elevada, aunque le que verdaderamente se va a librar es el que no compre o bien porque opte por el alquiler o bien porque tenga otras opciones.

Nota: toda esta terminología que han leído son términos aplicados por PPCC en los foros donde postea habitualmente y mi interpretación y explicación para aquellos que no le conozcan. Los que conozcan a PPCC considerarán esto escaso y saben que pueden aportar mucho más sobre estos conceptos y que hay matices y conceptos mucho más amplios. Busquen sus comentarios compilados en el blog "Bichos" http://bichitos.blog.com.es/

La lista

La germanofobia, el culpar a la banca, a los políticos... es por encima de todo una distracción para que la gente no vaya contra quién realmente les ha desplumado y tiene el dinero: quién les tasó y les vendió la vivienda.

Es cierto que la banca tiene su parte de culpa y que éticamente ha dejado mucho que desear en los procedimientos de venta de viviendas y de ciertos productos financieros, tan cierto como que se han arruinado en este proceso y hoy día la banca española y de medio occidente es una banca quebrada y zombi que no puede pagar lo que debe porque no les han devuelto el dinero que prestaron y porque cometieron el error de que las hipotecas que daban a largo plazo (25-35 años) se tenía que pagar con créditos que ellos mismos habían pedido a corto plazo (5-15 años).

Es cierto que los políticos españoles podían haber legislado para parar la burbuja y no lo hicieron[48] sino que legislaron echando más gasolina al fuego y canalizaron toda la demanda de vivienda a la compra para que los precios subiesen siguiendo ad infinitum. Es cierto que los políticos españoles son demasiados (más de 400.000) frente a otros países que están más poblados y tienen muchos menos como UK, Francia o Alemania pero también es cierto que la mayoría del los españoles tienen un apego inmenso a "esa democracia" que no es otra que la que salió del 78 y no es menos cierto que los españoles siguen apoyando a éstos partidos de forma muy mayoritaria demostrándolo elección tras elección votando a los partidos que salieron de ese régimen (PSOE, PP, IU, CIU, PNV,

---

[48] Ministro de industria Sebastián en Salvados: "nadie quería parar la fiesta".

CC...) y montaron la burbuja inmobiliaria sin excepción aunque viven de culparse los unos a los otros y de aplicar una política de " y tú más" que satisface mucho a los españoles y sus esquemas mentales-sociales anclados en la estructura política antidemocrática y destructiva de bloques y odio al otro heredada de la guerra civil.

También es cierto que los políticos españoles están mal pagados frente a los puestos de dirección. Cualquier directivo del IBEX-35 gana más al año que todo el gobierno junto, es imposible atraer talento así. Los partidos se llenan de gente mediocre y no precisamente por una cuestión de dinero. Se gasta mucho dinero pero porque se pagan a 400.000 sueldos y no a los 100.000 que deberíamos tener. Se puede reducir el gasto y aumentar las remuneraciones reduciendo su número pero la mayoría natural española está dentro de ese esquema de considerar que una reducción de políticos es "antidemocrático". Como si el número de políticos midiese la calidad de una democracia. Recordemos que en España no hay separación de poderes y que esa ausencia de separación de poderes tiene su origen en la propia Constitución.

Lo que es realmente cierto y se oculta es que el dinero sigue estando mayoritariamente ahí, que los que vendieron la vivienda indujeron a error a través de todos los medios posibles para que la gente comprara una vivienda a precio altísimo muy por encima de lo que se considera recomendable: el 30% del salario.

Finalmente lo que hacen esta gente que aún tiene el dinero es aprovecharse de los que culpan a la banca, los políticos y a los Alemanes (que en realidad es la UE porque Alemania ni es la más dura ni está sola en esto) para que su patrimonio guardado en cuevas esté a salvo y no sirva para compensar a los hijos de sus vecinos a los que ha arruinados montando una estafa generacional-piramidal –ponzi en torno al ladrillo y la vivienda.

Repasen las noticias del año y los grandes hitos españoles de las última dos décadas. Se culpa a los alemanes de no querer prestarnos más y de ser insolidarios. No han dejado de hacerlo en ningún momento, pero el que paga manda (algo olvidado durante la burbuja donde el vendedor es el que ponía las condiciones, por suerte esto se va a acabar para siempre) y nos exigen cambios profundos por mucho apego que le tengamos a los pisitos, las casitas y las rotondas a millón de euros.

En serio, hagan ustedes mismos su lista y piensen si es culpa de los alemanes.

¿Es culpa de los alemanes la corrupción española? ¿Es culpa que la gente siga votando una y otra vez a esos partidos políticos?. ¿Es culpa de los alemanes que se acabe pagando por una vivienda estándar en un barrio obrero medio millón de dólares en un país donde el salario medio ronda las 150.000 pesetas? ¿es su culpa la obra pública y el despilfarro, los AVEs carísimos vacíos, los aeropuertos sin aviones, los 600.000 millones de euros en crédito que aún hay que pagar en vivienda que se podía haber gastado en producir y fabricar? ¿es culpa de los alemanes el mal uso de las ayudas europeas? ¿es culpa de los alemanes el fracaso escolar español? ¿es culpa de los alemanes, holandeses, o suecos que a los españoles no tengan voluntad de cambiar? ¿es su culpa los casos de corrupción que alcanzan a todos los partidos políticos españoles?, ¿es su culpa los casos de corrupción como la ITV de CIU, los casos de corrupción del PSOE y del PP que van desde la contabilidad en dinero negro del partido del gobierno a los ERES falsos en Andalucía? ¿es culpa de los alemanes que las empresas españolas no sean competitivas, que estén descapitalizadas y endeudadas hasta las pestañas desde el principio, que vivan del dinero público y que sólo sepan aumentar la productividad bajando salarios?.

Ningún análisis serio puede hacerse sin tener en cuenta la burbuja inmobiliaria que lo ha contaminado todo y que ha lastrado la economía con costes inmobiliarios imposibles para emprender nuevos negocios y una masa trabajadora con una rigidez salarial descomunal porque necesitan una cantidad de dinero enorme para hacer algo tan básico y necesario como satisfacer su necesidad de vivienda. O sacamos la vivienda del esquema económico o no habrá ningún tipo de recuperación. Hagan su lista de lo que pasa día a día en España y tengan la honradez intelectual de preguntarse si es culpa de los alemanes o si todo se solucionaría fluyendo el crédito.

En España no ha habido una crisis de crédito, ni una conspiración alemana para arruinarnos ha habido un saqueo perpetrado por los propios españoles contra los hijos de sus vecinos.

Los pases de suelo

Un recuerdo en un canal de televisión para empezar este capítulo:

Jesús Gil, entrevistado en los años que ya era alcalde de Marbella. Si no recuerdo mal un entrevistador conocido y un aspirante a presidente autonómico del PSOE como acompañante. Antes del tamayazo. Jesús Gil le explica cómo solucionar los problemas económicos de la comunidad de Madrid y con un Folio que parte en dos le explica su política de suelo inmobiliaria. El candidato, nacido en Alemania, seguidor del atlético de Madrid le dice un "no gracias" a la política de suelos y recalificaciones de Jesús Gil. Mientras tanto en España se está produciendo un desfalco con los suelos de grandes proporciones, algo que se extendería hasta la exageración en los años venideros. El partido político del señor aspirante, que nunca fue presidente, aplicó una política de suelo que dejó pequeña a la de Jesús Gil y Gil. Una política que arruinó el país, endeudó a generaciones enteras y que se aplicó por igual en todos los puntos de la geografía española por todos los partidos políticos. Incluso por aquellos que niegan burbuja en su unidad administrativa y culpan de todos sus males a "Madrid".

Por mucho que he buscado ese vídeo no lo he conseguido encontrar. Creo que fue en Telemadrid. Un documento gráfico digno de ser recuperado si ustedes lo encuentran.

Entramos en una de las partes más peliagudas del tema que abarca esta obra porque entramos en un tema en el que muchos apuntan a un terreno más que sospechoso donde se han podido cometer una serie de delitos simultáneamente.

Los comentarios encontrados en internet dan a entender que los pases de suelo fraudulentos se dispararon cuando la burbuja estaba a punto de pinchar. En ese punto ya eran conscientes los implicados que el negocio inmobiliario se iba a hundir y que iba a arrastrar a todo lo demás empezando por la banca (cajas de ahorros) que eran las principales prestamistas en el ladrillo español. Se decidió sacar hasta el último céntimo usando sociedades compinchadas con las cajas de ahorros y los dueños de los suelos.

De esta forma los dueños de los suelos crearían una sociedad *Ad hoc*. Las cajas de ahorros compinchadas prestarían el dinero a la sociedad para que comprase el suelo. El dueño del suelo se quedaría con el dinero pagado a precio burbuja (una millonada), la sociedad se vaciaría y se declararía en quiebra ("no podemos construir, la burbuja ha pinchado") y la caja de ahorros se comería la deuda que al final del proceso no se puede pagar porque la caja está quebrada y esa deuda se transfiere a los ciudadanos mediante los planes de rescate que estamos viendo. Una socialización de pérdidas de libro pero en este caso basada en una serie de delitos y con una serie de comisionistas que se llevaron su parte.

Se insiste en que esto debería ser investigado. Sobre todo los pases de suelo que se dieron a partir de 2006. No se ha movido un dedo por parte de administración, ni gobierno, ni oposición., ni por desgracia la Unión Europea. Recordemos que los consejos de las cajas de ahorros están formados por políticos y sindicatos que no son profesionales de la banca. Al estar implicados todos ellos en el pase de suelo se cubren las espaldas unos a otros y no pasa nada. Además hay otra pregunta. En el país donde los delitos prescriben tan rápidamente y la justicia funciona tan lenta.. ¿Cuánto tardan en prescribir estos delitos?. El gobierno actúa como congelador y no toma medidas en parte porque está esperando a que prescriban estos delitos. Lo que no sabemos es si tienen intención de hacer algo después de que prescriban. Esta actitud nos hace sospechar que no.

El dinero que sale de esta operación no se ha destruido como muchos economistas y comunicadores nos quieren hacer creer. Las sociedades fundadas ad hoc quedaron despatrimonializadas, pero el dinero acabó en manos de los dueños de los suelos y los comisionistas. Solo habría que seguir el hilo del dinero para saber dónde está y ponerlo a funcionar.

Usen google para encontrar más información. "pases de suelo" o "pases de suelo corrupción" ofrecen resultados interesantes. Muchos de ellos ligados a burbuja.info y a comentarios de PPCC.

Paso a reproducir unos comentarios sobre los pases de suelo que considero deben ser reproducidos por su importancia:

> PASE DE SUELO:
>
> 1] *yo tengo un suelo y esto es una burbuja-pirámide madura que todos saben que se vendrá abajo [cfr. declaraciones de Jesús Gil el año antes de su fallecimiento], por lo que escasean promotores membrillos que quieran pagar el Potosí en que el rocamboleo me "valora" la maula;*
>
> 2] *me muevo para encontrar amigos-cómplices en la tecnoestructura urbanístico-municipal-cajahorrística;*
>
> 3] *me invento un "adquirente", usted, que no tiene una gorda; pero, le vamos a dar [nunca mejor dicho] dinero crediticio a raudales [para que me lo entregue a mi y yo me apañe];*
>
> 4] *llegada la hora de promover, como ya no hay expectativas y no se vende ya nada, usted le da el suelo en pago del préstamo a la Caja de Ahorros, y Santas Pascuas.*
>
> *Así se ha perpetrado EL DESFALCO, suelo a suelo.*
>
> *Hay tiempo para dilucidar las responsabilidades penales que hubiere porque la prescripción no es inminente. Pero no nos durmamos.*
>
> *De no haber existido este tipo de prácticas, ahora no estaría el sistema financiero-fiscal como está, cornudo y cínicamente apaleado ["la banca tiene la culpa"].*

(31/12/2012 13:36) PARA DESFALCAR LAS CAJAS DE AHORROS, HA HABIDO SOCIEDADES-NODO QUE CENTRALIZABAN LOS IVA'S.-

Al comprar un suelo, se paga un IVA [con parte del dinero prestado por la CCdAA desfalcada].

Ese IVA devengado, hay que ingresarlo... previos "ajustes", para optimizarlo.

Ha habido sociedades profesionalizadas en ello, a las que se ha imputado tanto el IVA a ingresar como otros IVA's a compensar/devolver de lo más variopinto e, incluso, sin fundamento lógico [cfr. estudios de viabilidad, proyectos, movimiento de tierras]; de modo que, al final, Hacienda se quedara sin su IVA.

La razón económica es muy sencilla. El que se apropiaba "loh miyoneh" era el dueño originario del suelo. El adquirente apalancado no era nada más que un títere a comisión que, al final, tendría que poner cara de moroso ante la CCdAA. ¿Es lógico o no que hermoseara sus honorarios "tuneando" la cuenta del IVA?; cuestión, por otra parte, que el dueño del negocio consentía; no quería problemas; salía del marrón de tener que quedarse con el suelo; y soportaría el IVA que hiciera falta [como hacen los directivos de sueldo abusivo con la retención multimillonaria a cuenta del IRPF].

Las ideítas.

En mi opinión este es el tema más controvertido y que más problemas me puede producir en lo social-personal y por el que puedo encontrar más ataques a mi persona. Sin embargo como politólogo me encuentro en la obligación de escribir sobre ello, por muchos problemas que a priori pueda reportar, sobre todo por la parte del marxismo cultural que ha entrado en España por medio de la ultraderecha.

La gente está muy fuertemente ideologizada aunque no es consciente de ello. En ese sentido hay mucho que decir.

Empecemos por entender un concepto básico: la cultura, las relaciones sociológicas dependen de la infraestructura económica. Según el modelo económico que haya en una sociedad el resto de elementos cambia de forma dependiente de una u otra manera.

Esto lo enunció muy acertadamente Karl Marx. Empleó dos términos en alemán. La überbau y la Basis que posteriormente fueron traducidos al español como Supraestructura e Infraestructura respectivamente.

La infraestructura económica española (basis) ha tenido una locomotora: EL ladrillo. Sin embargo se asienta sobre más pilares que han sido resumidos en la red de esta forma:

-Ladrillo

-Subvención Europea. Las fuentes señalan que es en torno al 1% del PIB anual español.

-Consumo interno a crédito, es decir, sin ahorro, y fundamentalmente con todo el dinero europeo que se movía tras la construcción y el consumo que producía la mano de obra allí empleada.

-Turismo. De baja "calidad" es decir. De bajo poder adquisitivo. Despectivamente llamado en la red "lumpenturismo".

La überbau española, la superestructura, está totalmente determinada por la burbuja inmobiliaria que es la parte del león de los 4 puntos anteriores.

El Interés real negativo

Uno de los factores determinantes que inflaron la burbuja inmobiliaria fue la política del banco central europeo. La burbuja, que ya llevaba varios años en desarrollo, se vio incrementada cuando entremos en tipos de interés real negativo. ¿Qué es esto?.

Un interés real negativo (IR-) se produce cuando la inflación es superior a los tipos de interés que tiene que pagar uno por un crédito. Esto significa que si uno mantiene el dinero quieto o lo ahorra va perdiendo valor frente a los créditos porque los precios suben más que lo que debe pagar uno de intereses sobre un crédito. Esto tiene un efecto: obliga a la gente a consumir a través de la deuda. Si no consumes, "pierdes dinero". Como el IR- coincidió con la inyección masiva de crédito barato el consumo se hizo a través de créditos.

El Interés Real Negativo llegó a España a través del Banco Central Europeo y el Euro, cuando entramos en el área económica del euro y se cambió la tradicional política de tipos alta-inflación alta de una moneda débil como la peseta por una política de tipos de interés bajos e inflación baja como el Euro o el Marco alemán.

La mayor parte de los créditos que debemos, unos 2/3 de la deuda privada (2 veces el PIB) está en el sector inmobiliario, en promotores e hipotecas. El otro tercio (el PIB de España) fue destinado a consumo interno. El típico producto financiado y pagado a plazos: coches (récord de ventas esos años), electrodomésticos, viajes, la comunión del niño, el dentista...

Culturalmente (überbau) se produce un profundo **desprecio al dinero** y un amor desatado por la deuda.

Eran los tiempos en que si uno iba al banco y no le daban un crédito se enfadaba mucho.

A mí me suena algún caso ¿y a ustedes?

Realmente la gente no era consciente que le estaban haciendo un favor. A los que les negaron las hipotecas les libraron de una deuda que a día de hoy se está viendo que es imposible de pagar por miles de familias. Por mucho que se enfadaron les hicieron un favor y de paso nos lo hicieron a los demás. Hay que tener muy claro que toda deuda que no satisfacen los particulares acaba siendo transferida a lo público y pagado entre todos como se está viendo en el caso de la vivienda. Por muchos juicios de valor éticos y políticos sobre si debe hacerse cargo de los impagos la banca, lo cierto es que está quebrada y no puede hacerlo más que parcialmente a través de las provisiones que le está obligando a hacer la UE. En todo caso el riesgo de que su vecino no pague sus créditos y lo acabe pagando usted es muy alto. Vean si no el caso de los desahuciados.

Fíjense como los españoles cuando se refieren a alguien que tiene mucho dinero emplean rápidamente expresiones del tipo "tiene muchas casas" "mira que casoplón tiene" "tiene naves y garajes" y similares. El ladrillo como ostentación de riqueza. Sin embargo a pocos españoles les escucharán hablar sobre acciones, royalties, o divisas. Para el español el que es rico debe tener un patrimonio inmobiliario destacado. Esa visión de la economía y la riqueza está totalmente distorsionada por culpa de la burbuja inmobiliaria.

Hubo un caso típico que llenó los telediarios por sus implicaciones menores en el sistema de partidos que tanto llena el alma de los votantes españoles, fue el caso ENDESA- GAS NATURAL. Donde la defensa numantina del Sr Pizarro se fundamentó en un "es que nos dan unos papelitos". Es decir. Acciones. Una frase que ejemplifica el desprecio total que ha habido en España por las fuentes de dinero, que son muchas y una de ella son las acciones. Algo que ha perdido menos dinero que el patrimonio inmobiliario.

Creo que el SR Pizarro era muy consciente que las acciones (los papelitos) si que son dinero, pero para montar su defensa cara al público lo hizo muy bien y le supo dar droga de la mejor calidad a los yonkis que veían y leían su defensa de la empresa. Al final lo de ENDESA acabó mal. Se hizo una guarrada a los alemanes y acabó en manos de Italia. En el fondo el señor Pizarro tenía razón a denunciar la jugarreta sucia que hubo por parte de Gas Natural (empresa controlada por la Generalitat de Cataluña donde su partido alfa es CIU y los demás le bailan el agua) pero en el caso de los "papelitos" escenificó una teatralización muy la altura del pensamiento medio equivocado de la época.

Por este motivo sabemos que cuando se derrumbe la burbuja inmobiliaria (aún le queda mucho) la gente volverá a sentir aprecio real por el dinero y no veremos absurdos económicos que nos han llevado a la ruina como el hecho de que la gente se volviese loca por poner el dinero en ladrillo y arruinase totalmente el resto de sectores productivos de la economía, muy especialmente el industrial. Si uno ganaba la lotería rápidamente iba a comprar ladrillo, si a uno le tocaba una herencia rápidamente a ladrillar, si a uno le daban una indemnización de un trabajo y le soltaban 100.000 euros "a invertir" en un piso en la playa. ¿y las inversiones a las fábricas y los empresarios de verdad?. Pues ya ven que han desaparecido y que la industria es hoy día algo testimonial en España por haber orientado todo al ladrillo.

Volverán los ahorradores, se apreciará todo tipo de capital y las casas volverán a ser lo que han sido históricamente: un lastre y un gasto necesario pero no una "inversión".

La vivienda como "inversión" ha sido otra de las ideítas letales que hemos visto desde mediados de los 80 hasta ahora. Y ojo, que los impuestos locales a la vivienda en España son muy bajos y tienen mucho recorrido. En Mayo de 2013 pudimos leer en prensa que se vendía una casa en Detroit[49] por siete dólares, unos 5 euros, el banco que poseía la casa lo hacía para no pagar los 2000 dólares de impuestos que le toca pagar al año por la casa. Yo no se ustedes, pero los que estén pensando en el IBI que han pagado por última vez seguramente sientan escalofríos al saber que en el país más

---

[49] El caso de Detroit y su decadencia dan para mucho, en este caso lo interesante es el dato de los impuestos.

capitalista del mundo se pagan impuestos por valor de 2000 dólares (unos 1600 euros) por una vivienda estándar. Mucha gente tenemos claro que el catastrazo está por venir y que los impuestos sobre la vivienda subirán intensamente los próximos años. Esto naturalmente ayudará a hundir el precio de las viviendas de aquí en adelante.

Las ideítas II

Les recomendaría que prestasen mucha atención porque este punto explica muchas cosas.

Hay mucha gente que se pregunta ¿por qué en España no pasa nada? ¿Por qué no hay revueltas?. En España tenemos el mismo desempleo e incluso en muchos sitios ya superamos el que tuvo EEUU y partes de Europa tras la crisis del 29. Esa crisis nos trajo El Fascismo, La segunda guerra mundial y la bomba atómica entre otras cosas. En España tenemos a "los indignados" y el "15-m". ¿Ven la diferencia brutal que hay entre un periodo histórico y el otro?.

Expliquemos por qué es eso.

Se puede ser antisistema de mucha formas. A la gente le cuesta comprender esta idea en España. Acostumbrados a los extremos, a ser un país que se pasa del blanco al negro y con unos "frames" políticos muy claros un antisistema para un español suele ser un proetarra, un alborotador, un nazi y/o un terrorista. Lo que los españoles no entienden es que un Rentista es un antisistema peligrosísimo para el capitalismo tradicional y que la burbuja inmobiliaria es la sublimación del rentismo y el pelotazo mediante el pase especulativo.

Al capitalismo empresa esto lo destroza. Y no crean que éste no se defiende. De hecho al proceso histórico que estamos asistiendo es a la defensa del capitalismo de toda la vida frente al rentismo de la burbuja inmobiliaria que afecta a no menos de dos docenas de países desarrollados. El problema nuestro es que nuestra burbuja es con diferencia la más grande de la historia y prácticamente la única que ha sido el principal motor de la economía. Por eso el aterrizaje está siendo y va a ser tan duro.

Lo que ha sucedido básicamente en los años de la burbuja es que se han sublimado y se han ligado los intereses de clase al rentismo inmobiliario.

Enunciado de esta forma: "El pisito es el ahorro del pobre".[50]

La clase obrera ha puesto sus ahorros en el ladrillo, en el caso de la juventud, trayéndolos del futuro mediante crédito en forma de hipoteca. Ese patrimonio se demuestra que no es real tras el pinchazo de la burbuja, sin embargo la deuda adquirida esos años si que es real.

Los intereses objetivos de las clases obrera y media hipotecadas es que la vivienda/patrimonio inmobiliario (locales, plazas de garaje) suban o no pierdan valor aunque esto arrastre al resto de la economía. Estamos en un punto en que no hay consciencia del efecto arrastre que produce la no-bajada de precios.

El perfeccionamiento del rentismo viene por la figura del casero-amateur español que arrenda locales y viviendas a los inquilinos y les saca un sueldo, un dineral (en muchos casos en negro) a los inquilinos. A los inquilinos se les llama de forma despectiva "bichos "por parte importante y significativa de los caseros. Ese es el valor que le conceden a las personas y esa es otra idea clarísima: el desprecio a los arrendados en viviendas y locales.

Muchos de los que no tienen vivienda, por ser demasiado jóvenes o porque eran demasiado pobres para comprarla en su momento (ahora más), objetivamente están deseando que sus padres se mueran para recibir todo su patrimonio inmobiliario, que no es más que todo o casi todo su ahorro. Poco dinero en cuentas, pocas acciones y mucho ladrillo vendrá en los próximos años a las generaciones españolas que hereden tras la muerte de sus progenitores. Si hasta ahora eso era una fuente de riqueza con el

---

[50] PPCC otra vez.

pinchazo de la burbuja el paradigma cambia y la herencia en ladrillo deja de ser esa "fuente de riqueza" esperada como se irá viendo según pasen los años. Los interesados en que no bajen de precio siguen siendo una mayoría natural que espera que al heredar vaya a suponer para ellos tener "riqueza" a través del patrimonio inmobiliario. Es aún peor cuando el futuro heredero es además hipotecado y siente la presión de la deuda contraída.

Con estos mimbres no hay ningún deseo en cambiar de patrón de crecimiento o estructura económica. Lo que la mayoría social demanda es una suerte de vuelta a los buenos tiempos de la burbuja. Que todo escampe, quizás con sacrificios (las pensiones de los hijos y los nietos, que ya las han bajado, recortes en prestaciones sociales, y una deuda que no van a pagar las generaciones que van a morir pronto sino que van a pagar sus hijos, sus nietos y los nietos de sus nietos. Así cualquiera grita: "¡viva la no austeridad!").

Los políticos, que son profesionales, le dan exactamente a la gente lo que quiere. No ganan las elecciones casualmente. Si usted critica a los gobernantes actuales y a los anteriores debe ser consciente que la mayoría social es muy parecida a esos políticos y que los políticos saben dar a la mayoría natural lo que demanda. En este momento demanda "congelar" el asunto y esperar a tiempos mejores, que no se saben de dónde vendrán pero en los que lo fundamental es que no se toque la vivienda. El problema para la mayoría natural española es que son muy reaccionarios y están condenando el futuro por defender lo indefendible pero por suerte para las generaciones venideras hay algo que se llama Europa que está obligando a que se hagan cambios, aunque como país nos estamos resistiendo como gato panza arriba a hacerlos. Aunque Europa tiene razón en el fondo le están fallando las formas está siendo un poco cínica y en algunos aspectos no está jugando limpio del todo, especialmente en los casos de la basura que se oculta tras los balances de las cajas de ahorros y ciertos bancos a los que les está viniendo muy bien poner el foco en los corruptos países del sur de Europa para que no se vea la suciedad debajo de la alfombra que ellos tienen.. En gran parte creo porque no tiene la fuerza y la capacidad para hacer más fuerza y también necesita tiempo para que la situación vaya madurando y haya cambios profundos en la arquitectura europea.

No hay más futuro que Europa por mucho que los pro-dólar y los pro-peseta (me da a mí que en muchos casos es lo mismo) lo nieguen y nos asusten una y otra vez con la ruptura de la Unión Europea. En los próximos años se verá el desenlace que inevitablemente pasará por más Europa.

El problema de la percepción española es que está copiando su modelo interno de desafío de las entidades regionales con el Estado central y lo está llevando al plano de la UE.

En España se ha visto históricamente como un triunfo, como una mejoría que las administraciones regionales le arranquen servicios y poderes a las administraciones superiores del Estado. Lo contrario al proceso que está sucediendo en Europa donde se transfieren servicios y poderes de las administraciones inferiores a las superiores. Como país somos una región europea. España es el 8% del PIB de Europa. Sin embargo nuestra percepción interior está distorsionada por los localismos internos, que chocan con la concepción europea. En este caso España está aplicando a Europa la táctica que emplea Cataluña con España. La diferencia es que aunque Europa tiene menos fuerza no titubea en su proceso. La inflamación territorial es otro fruto de la burbuja inmobiliaria que se vendrá abajo cuando se termine de arreglar en dos o tres décadas.

La gente no se revuelve porque en el fondo tiene unas expectativas patrimoniales (el pisito propio o el heredado) aunque sea a futuro y porque hay unos amortiguadores que funcionan cada vez peor, pero aún de forma eficiente, como analgésico frente al conflicto de clase.

No obstante la supraestructura ha desarrollado una serie de puntos fuertes para sustituir a la antigua lucha de clases y a los antiguos opios del pueblo como la religión basados en un fuerte concepto ético donde lo que actúa es un sistema basado en la decencia o la indecencia de defender uno u otro concepto político.

Las ideas amortiguadoras que hacen que de momento no haya problemas más serios son las siguientes aunque lo que verdaderamente funciona es la ligazón de la gente al rentismo y al patrimonio inmobiliario. El resto han funcionado bien en la época de rosas y vino ahora es tiempo de sociólogos, politólogos, economistas y de mentes claras que se analice como van a cambiar las personas y las relaciones sociales. Las ideas fundamentales de la burbuja inmobiliaria en la überbau-supraestructura han sido estas entre otras:

-El terruñismo, independentismo, regionalismo

- La lucha de sexos. (Mujeres contra hombres)

- La lucha de sexos II (homosexuales contra heterosexuales)

-La Guerra civil –Memoria histórica.

- La política de aborto.

- La lengua como conflicto e identidad nacional

Recuerdo otra anécdota vivida en la facultad más o menos en torno al año 2000 (año arriba año abajo, uno de los años de inicio de la segunda fase de alza expansiva de la burbuja inmobiliaria), que es una de esas conversaciones que no se olvidan nunca. El tono de la conversación era seria, no se engañen, aunque no recuerdo cómo se llegó a ese punto una de las presentes afirmó que "que un hombre se masturbase pensando en una mujer era algo sexista". No se me olvidará nunca, algo dentro de mí debió rechinar de forma estruendosa porque no lo he olvidado y ya ha pasado más de una década. En su momento una voz de alarma saltó dentro de mí, entonces no lo conocía, ahora veo claro que se estaba fraguando desde hace tiempo ese amortiguador en la überbau que sería la lucha de sexos entre hombres y mujeres. Según han ido pasando los años y avanzaba la burbuja este tipo de políticas y pensamientos que chirrían fueron afianzándose de forma efectiva como sustituto de la lucha de clases. Ahora la burbuja ha pinchado y empezamos a ver que esas ideas introducidas en la überbau que buscaban la fragmentación máxima posible para vender el mayor número de viviendas no sirve y los efectos dañinos de la crisis quedan huérfanos de ideas que las amortigüen como han sido toda la vida la religión y la transposición de la lucha de clases por la socialdemocracia y la izquierda europea.

POR QUÉ ESPAÑA NO CREA EMPLEO ORDINARIO

La persona que anónimamente posteó bajo las siglas PPCC hizo un resumen basado en el análisis sobre la burbuja inmobiliaria que paso a reproducir aquí por el especial interés que tiene el contenido:

(14/01/2013 06:11) POR QUÉ ESPAÑA NO CREA EMPLEO ORDINARIO.-
En las últimas dos décadas del s. XX, superpuesto a la explotación capitalista tradicional y al imperialismo, se ha montado un efímero régimen opresivo generacional en el que la clase obrera financia sus mejoras relativas con el endeudamiento de por vida de sus propios hijos.

Permítaseme hablar con conceptos marxianos, que son los que todos entendemos.

Desde que vivimos instalados en la fantasía del capitalismo popular de base inmobiliaria, las familias de la clase obrera no luchan por el trabajo sino por el capital-Renta/Plusvalía. Paralelamente, la burguesía ha desatendido las responsabilidades del capital-Empresa, volcándose en los enjuagues de la economía extraordinaria de la burbuja-pirámide generacional.

Pero las ganancias que se extraen de este artefacto no sólo hacen palidecer los emprendimientos ordinarios sino que su propia dinámica ha situado los costes inmobiliarios, directos e indirectos, en un nivel incompatible con casi todo otro emprendimiento razonable.

Montar cualquier negocio, por insignificante que sea, implica echarse uno a la espalda las hipotecas con que los trabajadores, propios y de los proveedores, juegan a capitalistas de pacotilla. No podemos permitirnos tener un solo mes malo e, incluso, hay negocios básicos que no podrían montarse hoy y que funcionan sorprendentemente porque son antiguos y, por tanto, están muy afinados, amortizados y liberados de gastos de personal.

Desde la Segunda Internacional, con el triunfo de la socialdemocracia y el socioliberalismo, se ha amortiguado eficazmente la lucha de clases, sí; pero, a partir de la segunda mitad de los 1980s, la ingeniería social ha acabado desequilibrando al capitalismo, cuya quintaesencia, recordémoslo, es la acumulación de capital y la inversión productiva, no fragmentar el excedente dispersando rentas/plusvalías.

En el imaginario socialdemócrata y socioliberal:

- ya no habría clase obrera vendiendo su fuerza de trabajo sino modestos inversores apalancados intercambiando activos cuya cotización estaría reflejando no su valor intrínseco sino el excedente general [El Pisito];
- el internacionalismo proletario habría dado paso a mininacionalismos étnico-culturales predicados de los territorios donde se tienen localizadas las inversiones [El Terruñito]; y
- la emancipación horizontal habría sido sustituida por mero activismo de vecindad en favor de ciertos derechos civiles verticales, normalmente, relacionados con la condición sexual [Las Ideítas].

Al menos en España, la intensidad de estos procesos ha desembocado en:

- una constelación de ricachones catetos "zampalangostinos", llenos de miedos;
- el estrangulamiento financiero irreversible de la economía extraordinaria inmobiliaria;
- el vaciamiento de la economía ordinaria; y
- la extensión de una ideología sonrojante y fascistoide,

administrada por una red de dictadurcitas de proximidad, públicas y privadas [cfr. la sociedad de control].

Un buen ejemplo de esta aterrorizante evolución lo tenemos en la deshumanización de la regulación del inquilinato, que ha pasado de tuitiva a represiva, ¡atención!, por decisión libérrima de unos gobernantes que se decían "socialistas" [RD-L Boyer, 1985]. Ciertamente, Dios ha hecho libre al hombre para elegir entre el bien y el mal, y éste muchas veces elige el mal.

En suma, el otrora concepto revolucionario de clase obrera ha sido desplazado por el de Mayoría Natural [MN], una masa amorfa, dócil y contradictoria, que comenzó a fraguarse durante la "dictablanda" franquista.

La burbuja-pirámide generacional se montó por y para una MN complacida con la hipotética popularización del capitalismo. Es hipócrita [y cándido o idiota] mantener que, esta vez, la culpa la tienen la banca o los políticos; una y otros son algoritmos cuya misión es satisfacer los deseos de la MN, eso sí, dentro de los límites objetivos de supervivencia del sistema.

La parálisis actual existe porque la MN prefiere, frente a la racionalidad del ajuste-precios, la soberbia y avaricia del ajuste-cantidades [actividad y empleo]. De ahí que la MN haya elegido como representante a un "conservateur des hypothèques" al que cree capaz de recortar lo sacrificable del Estado del Bienestar y con credibilidad suficiente para ganar en el juego del gallina contra su gran acreedora, la UE.

Tras la Capitulación Inmobiliaria 2010, impuesta por los cuarteles generales del capitalismo-Empresa internacional, la MN resentida se echó al monte y se constituyó en maquis. La MN y sus corifeos, enseguida, intentaron la guerra total ["der totale Krieg"]; pero, en la primera mitad de 2012, sufrieron la humillación expresa de su resurreccionismo [cfr. la prohibición-UE de la deducción-IRPF-vivienda] y han optado por confabularse en una mortecina guerra sentada ["der Sitzkrieg"]. No nos dejemos engañar. Por muy graves que se pongan, viven de espaldas al sistema y su rencor carece de utilidad alguna.

Sin embargo, hay mucha ambigüedad en las complicadas ecuaciones de intereses de los distintos componentes de la MN. Hoy, en ellas, predomina el apego al modelo "Construcción & Consumo-Efecto Riqueza", pero ya está presente el interés objetivo por el nuevo modelo "Inversión Productiva & Exportación". Precisamente, la Transición Estructural 2025 [TE] es el proceso mediante el que, en dichas ecuaciones de intereses, el modelo muerto deja paso al que lo sustituye.

Actualmente, la MN tiene un manto amplio pero, en su núcleo duro, hay cuatro áreas fácilmente identificables:

- la inmousura [injusticia conmutativa inmobiliaria];
- el terruñismo [sublimación étnico-cultural-territorial];
- dentro de los inmomutilados, los mandos intermedios, cipayos e imesebelen; y
- los jubilados privilegiados o/y exprimeinquilinos.

Pero estos sectores, en principio reaccionarios-TE, no son absolutamente refractarios a la devaluación interna y a la consolidación fiscal y el ajuste-precios.

El mejor ejemplo lo tenemos con la inflación-IPC. A los asalariados inmomutilados hipotecados, la inflación les salva de la estridencia del precio abusivo pagado; pero sólo aligerará el peso de su deuda en la medida en que se traslade a sus rentas salariales; si no, es mejor frenar la pérdida de poder adquisitivo. Dicho de otro modo, hay un punto de pérdida de poder adquisitivo en el que el asalariado inmomutilado hipotecado dice basta.

El ciclo político está resultando demasiado determinante de la TE, en estos sus primeros años. La mejora estadística que requerirá la reelección de los actuales gobernantes solo es posible haciendo rebotar el modelo muerto en 2014, obteniendo la financiación para ello de la desviación cínica de las euroayudas y de sectores MN-excéntricos o extra-MN [cfr. represión financiera, retribuciones de los funcionarios del Estado]. No hay dinero [NHD] para una verdadera "bull trap", pero sí para un par de trimestres de "dead cat bounce" aprovechables electoralmente.

No obstante, en estos dos años, tendrá lugar el desenganche parcial de los sectores más dinámicos de la MN, como ya pasó en la España anterior al Plan de Estabilización de 1959 o a los Pactos de la Moncloa de 1977, cuando parte de los teóricos beneficiarios de los modelos que entonces morían, Autarquía y Desarrollismo, se posicionaron a favor del cierre definitivo de las actividades sin futuro.

La maduración final del proceso de rescate-UE, con la supresión de casi toda soberanía fiscal, estatal, regional y local, interesa que sea:

- para los gobernantes actuales, cuando tengan asegurada su reelección; y
- para los gobernantes alternantes, tras la apocatástasis que define la inflexión del proceso TE, que no es lineal.

Los congeladuristas ya proclaman que ven "señales esperanzadoras"; y los comunicadores gafes, atendiendo a la parte inmobiliaria de su ecuación de intereses, andan engañando a los membrillos con la patraña de que, "en EEUU, se observa el comienzo de un nuevo ciclo inmobiliario".

Nos van a dar la ralentización del proceso histórico de corrección valorativa inmobiliaria como un jubiloso indicador de que "ya nos estamos recuperando". Vienen, pues, dos años y medio malos para nosotros, los ppcc, señores. No todo iba a ser fiesta. En peores situaciones nos hemos visto. Tomémonoslo a guasa y mantengámonos fríos. La historia y el sistema están con nosotros.

Finalmente, permítanme sintetizar en dos ideas tumbativas por qué la economía ordinaria está asfixiada por la inflamación inmobiliaria:

1] Tercer sueldo.- Si ya es penoso cargar de por vida a todo empleador o trabajador con la obligación, respectivamente, de pagar o ganar un segundo sueldo para los impuestos y cotizaciones sociales, además del de subsistencia, ¿en qué cabeza cabe cargarlos con un tercer sueldo a entregar a un usurero a cambio de lo que no es sino suelo y construcción?; y

2] Sanidad y educación.- Si hemos conquistado la provisión pública de la sanidad y la educación, ¿cómo no vamos a poder hacer lo mismo con algo tan simple y barato como la vivienda?

Estáis desguazando el Estado del Bienestar para salvaguardar la fantasía del Capitalismo Popular. Os estáis suicidando.

GXL

Los que dicen que la crisis es internacional deben hacerse varias preguntas en torno al empleo en España:

a) ¿Por qué en España el desempleo es casi el triple que el de la media europea , de EEUU y cuadriplica el de algunos Estados miembros de la UE?.

b) ¿Por qué hay países que no han aumentado el desempleo a pesar de la crisis?

c) ¿La principal causa de la crisis es exterior o interior?

d) Si los salarios caen, el salario más común es 800 €/mes. ¿Cómo es que no somos capaces de competir con países de nuestro entorno donde estamos integrados y donde los salarios nos duplican y triplican como es el caso de los países ricos de la UE?

Los que culpan a los altos salarios de nuestra poca "competitividad" ignoran intencionalmente este hecho para no referirse a lo que producen y al lastre que produce el ladrillo en todo balance empresarial.

e) Cuanto más vale una casa y más se tiene que destinar a ella para poder vivir ¿se es más rico o se es más pobre en el día a día?

f) Desde 1978 ¿Cuántos **meses** ha tenido España una tasa de desempleo por debajo del 10%?.

La respuesta a esas preguntas:

a) Por la burbuja inmobiliaria y su modelo económico.

b) Por no tener una burbuja tan grande como la española, por su modelo más productivo, por su política de impresión de moneda.

c) La respuesta está en este capítulo.

d) Por la productividad pero referida solo al conjunto de bienes y servicios producidos, el patrón de crecimiento, la losa inmobiliaria, el alto precio de locales, naves y oficinas, las malas operaciones logísticas lastradas por costes inmobiliarios; la indexación de salarios al precio de la vivienda y las redes clientelares.

e) Mucho más pobre.

f) **Unos 30 meses de más de 400. (Menos del 10% del tiempo total).**

Lo cierto es que España tras la transición de 1978 siempre ha tenido "paro estructural", una definición que se dejó de oír en la década de los 2000 por efecto de la burbuja inmobiliaria y su segunda alza expansiva. Ahora volvemos otra vez a esa fase de la que realmente nunca salimos. Lo peor es que se ha agravado porque se han destruido otros motores productivos como la industria y porque ha aumentado fuertemente la oferta de mano de obra en España.

Si el desempleo es estructural ¿por qué no se toman medidas estructurales para solucionarlo? Porque hay un apego terrible al modelo muerto y porque hay una generación T (triunfadora) que no tiene ni la más mínima intención de reconocer sus errores y cambiar el modelo estructural para las generaciones venideras.

A estas alturas ya habrá leído las características del modelo de desarrollo español:

-Ladrillo

-Consumo interno

-Turismo

-Subvención.

La mayoría del PIB se ha desarrollado sobre esos pilares desde mediados de los 80.

Paralelamente ha habido una desindustrialización salvaje. El sector secundario ha sido reducido al mínimo.

En España pasamos del nacional-catolicismo al nacional-ladrillismo. Hoy por hoy lo que hay es un régimen tentacular. Los intereses de la clase obrera se desligaron del trabajo y se vincularon al rentismo inmobiliario convirtiendo sus viviendas estándar en su forma de "ahorrar" e "invertir". El pisito es el ahorro del pobre. Los obreros españoles han metido todo su patrimonio en casas. "hijo cómprate una casa ya". ¿Cuántos de los desahuciados de hoy en día fueron los que metieron prisa por comprar a toda costa en el pasado, cuando la vivienda subía un 10% anual?. Los intereses de la clase obrera quedan vinculados al precio de la vivienda, no tanto a sus salarios que no han parado de hundirse respecto a la inflación en los años de la burbuja.

Por otra parte los empresarios se han volcado en vincular sus empresas al patrimonio inmobiliario intoxicándolo todo y suponiendo un lastre para la propia empresa como se está viendo. Las oficinas se pagan a precio millonario, las naves industriales a coste estratosférico, las operaciones logísticas que suponen una riñonada han resultado un fracaso una vez pinchada la burbuja. Las empresas y negocios creados durante la burbuja tienen todas las papeletas para desaparecer. Hay que ver como pesa en los balances y en la cuenta de resultados los costes inmobiliarios a la empresa y calcular cuánto le perjudica indirectamente los costes inmobiliarios de sus asalariados. Eso sí que produce inelasticidad salarial. Los empresarios no han dicho ni pío sobre este asunto, sobre la reducción de impuestos lo hacen muy tímidamente pues las grandes empresas y muchas de las PYMES son parte de las redes clientelares de un país donde las directrices para la competencia de la UE no se cumplen. Como no invierten en I+D+I, no están dispuestos o no saben hacer bienes y servicios nuevos que generen más valor añadido, no saben más que aumentar la productividad bajando los salarios. Al final se deprime la demanda aún más en un país en el que uno de sus cuatro pilares fundamentales es el consumo interno y se acaba generando desempleo masivo.

Montar una empresa en España es muy difícil. Las PYMES que funcionan bien y lo hacen de forma honrada deben competir con:

-Competencia que viola las normas.

-Competencia que paga salarios en negro.

-Competencia que tiene asegurados contratos públicos a precio de oro porque son redes clientelares que orbitan en torno a los partidos de turno que controlan el Estado en sus tres niveles (Central, Autonómico y Local).

-Costes inmobiliarios altísimos que se comen las ganancias.

-Salarios de empleados que están ligados de forma inelástica al precio de su vivienda.

-Burocracia y mercado interior roto.

En este sentido solo pueden gozar de cierta salud las empresas honradas si cumplen al menos 1 de 2 factores:

1) Empresas antiguas que ya no tienen costes inmobiliarios asociados porque el local/nave/oficina ya está pagado.

2) Empresas que conocen bien dos palabras:

-Exportación.

-Internacionalización

Aún así están lastradas por los costes salariales de sus empleados que son demasiado rígidos por su accesibilidad a la vivienda, un coste de la energía altísimo, un coste del trasporte también altísimo. En España se ha apostado por el Camión frente al ferrocarril como método de transporte de mercancías siendo un país que no tiene petróleo. Habría que multiplicar por cuatro el % de mercancía que se transporta por ferrocarril para alcanzar la media europea, lo que no se transporta por ferrocarril se hace por camión, con un coste del combustible tan alto y dependiendo del exterior esto supone al año la mayor sangría económica que tiene España dentro de su aparato productivo. Si no fuese por la importación de petróleo tendríamos superávit comercial. Nadie parece apostar por el transporte de mercancías por ferrocarril, el ferrocarril ha quedado reservado y fagocitado por las caras y deficitarias líneas de alta velocidad para pasajeros.

De esta forma es imposible hacer emprendimientos nuevos que generen empleo. Las Empresas y negocios que funcionan de forma honrada son extraordinariamente meritorias. Hay que felicitarles por funcionar en este contexto tan adverso.

Según ha ido desarrollándose la crisis- fin del modelo inmobiliario ha sorprendido la falta de autocrítica del empresariado en España. Se pasan todo el día rajando contra el Estado, igual que los separatistas. Sin embargo sin las jugosas redes de contratos públicos y en un marco de competencia duro tienen todas las papeletas para ser barridas del mapa.

La empresa española es muy diferente del núcleo avanzado europeo.

La española está endeudadísima. "apalancada" (leverage) dicen ellos, el apalancamiento es una cosa distinta a lo que se ha hecho en las empresas españolas. Apalancarse es endeudarse para hacer una inversión que te hace despegar luego. En España "el apalancamiento" se ha hecho sobre todo en el patrimonio inmobiliario. Las empresas españolas se han inflado a "invertir" en ladrillo. También han comprado como locos a precio inflado empresas y se han extendido por el exterior con resultados desiguales. En cuanto podían endeudarse para comprar las empresas se endeudaban como locas. Era la forma de "crecer". Nada de capitalizarse para tener dinero para gastos (despidos por ejemplo) y dejar de lloriquear en cuanto viniesen tiempos adversos. Esa es gestión empresarial contrapuesta al modelo de muchas empresas europeas que están fuertemente capitalizadas y tienen dinero para despedir y pagar las indemnizaciones que haga falta, dinero para contratar talentos, capital para invertir en I+D+I, y capital para reconvertir la empresa cuando se vea que lo que se produce ya no se vende.

En España al no capitalizar las empresas no hay nada de:

-I+D+I. (Lo que hay es echarle la culpa al Estado por no subvencionar)

-Talentos extranjeros. (Lo que hay es cuñados y sobrinas)

-Reconversiones empresariales. (Lo que hay es cierres)

-Indemnizaciones (miles de empresas que quiebran y no pueden ni pagar los despidos porque no hay dinero).

En España se habla mucho de la productividad pero se hace mal y sesgadamente. Para quien no lo entienda ¿Qué es la productividad? Resumiendo básicamente para aquellos que no dominen el concepto: la productividad es el conjunto de bienes y servicios que se producen dividido entre lo que cuesta producirlo.

Quédense bien con el esquema básico:

$$\text{Productividad} = \frac{\text{Bienes producidos} + \text{Servicios producidos}}{\text{Coste de Producción}}$$

En España siempre que se habla de la productividad se habla de bajar los salarios (coste de producción) casi como única forma de hacer disminuir el denominador para que suba el cociente total. El resto de factores de los costes de producción (coste inmobiliaria transporte, impuestos, coste energético, logística, tecnificación) ni se tocan.

Por un motivo o por otro, empresarios, políticos y sindicatos a su manera no saben o no quieren aumentar la productividad más que disminuyendo salarios. Esta es una productividad destructora que hunde el consumo interno y que pone de manifiesto el fracaso en el resto de políticas relacionadas con los costes de producción.

Esto es porque no se quiere producir nuevos o diferentes productos y servicios que generen más valor añadido. A estas alturas ya se habrán dado cuenta que el motivo por el que esto es así es porque los españoles como sociedad tiene un apego brutal al modelo económico ya muerto y no quieren cambiarlo. Apretando al de abajo se creen que lo van a solucionar. "hay que trabajar como los chinos" frase pronunciada públicamente por un gran empresario español que muchos otros comparten detrás de su despacho en sus empresas. Lo que este hombre ignora intencionadamente es que los chinos son semiesclavos en una dictadura y que los países con menos desempleo y mayor PIB per cápita tienen salarios que cuadriplican la media española. El problema de la productividad española está en el numerador (con lo que producimos no vamos a ninguna parte) no en el denominador. Sobre todo en el coste inmobiliario asociado a la empresa que es mucho más determinante que lo que se dice porque se sigue considerando una inversión o un patrimonio, según pasen los años muchos van a abrir los ojos y van a ver que no es así, seguramente lo harán tras quebrar y pasarlo mal.

La productividad que solo afecta al denominador mediante la rebaja de salarios se denomina "productividad destructiva"

¿Por qué no se mueve nadie?

Los ciudadanos parecen indiferentes volcados en el día a día y en sus asuntos cotidianos antes que en pasar a mayores. Si que se palpa malestar en el ambiente aunque se ve a mucha gente que sigue viviendo como si no pasase nada.

. El título de este capítulo bien podría haberse titulado "españoles disociados".

Los españoles están desconectados de la política salvo aquellos que forman parte de ella o está en las redes clientelares ¿por qué es esto así? Veámoslo.

La pregunta es importante. ¿Por qué los españoles están tan disociados del poder político que ellos mismos eligen continuadamente en los últimos 30 años?

La historia de España es especial y muy intensa.

Como Estado –Nación España se encuentra en discusión desde que aparece la figura misma del Estado nación.

Los Estados-Nación son fruto de las revoluciones francesa e industrial. Algo que en España se cortó a golpe de cañón y con el grito popular de "viva las cadenas" frente al pensamiento de la ilustración y el racionalismo del Estado-nación moderno que venía de Francia.

Ese punto de ruptura nos ha influido drásticamente hasta el mismo presente.

En España no se produce revolución industrial con éxito. Se intenta en varios sitios, pero solo tiene éxito en zonas muy concretas y minoritarias. La falta de energía y las comunicaciones fueron factores determinantes para su fracaso. No fueron los únicos factores.

Precisamente ese es el origen del rupturismo regional que hay en España. Los ciudadanos de regiones concretas se industrializan y se enriquecen más que los otros y se tecnifican mientras empiezan a percibir al resto del país como algo más atrasado, como un país agrícola y analfabeto (los campesinos no necesitan tener los mismos conocimientos que los técnicos y comerciantes industriales) como un lastre lleno de ignorantes.

Estos ignorantes no son más que los obreros sin tecnificar y los que no se han convertido en esa clase industrial-comercial. En el caso de casi toda España gente ligada al campo. En muchos casos jornaleros sin tierra, en caso de los más norteños minifundistas que luchaban por su supervivencia.

Coincide además el período histórico con la pérdida de la España Americana, que en manos de caciques locales decide romper violentamente los lazos con el país al que pertenecían desde hacía más de 200 años.

Disculpen esta elipsis histórica, pero ¿no les suena a algo muy actual este proceso comparado con el rupturista que hay en marcha en Cataluña y País Vasco?

La situación de España a partir de la revolución francesa, fue la de un Estado autoritario que controlaba todo, no dejaba participar e implicarse a los ciudadanos en asuntos públicos mientras decaía y se quedaba atrás. El español percibía al Estado (los poderes públicos) como el que organizaba, proveía y desproveía de todo. Esto marcó a los españoles. El español exige todo al Estado por costumbre pero no espera nada de él pues el Estado resultante fue un Estado atrasado e impotente con respecto a los Estados –nación modernos que empezaban a formarse en Europa y América (EEUU).

El que "le saca algo" al Estado no está mal visto por el resto de los ciudadanos españoles. La picaresca española y sus redes clientelares se ligan fuertemente a esta idea de esta estructura.

Hay cosas que se obvian intencionadamente.

Otra de ellas es la especificidad histórica del movimiento obrero español (MOE)

El MOE fue diferente al del resto del mundo. Fue único.

El MOE en España fue mayoritariamente anarquista y por definición anti-estatal. Ni socialista, ni comunista (en España siempre ha habido muy pocos de estos últimos). El MOE se caracterizaba por su desprecio al Estado y eso ha dejado un poso cultural en las clases populares que con los otros socialismos estatales no habría pasado.

El fracaso de la revolución industrial en España nos trajo una clase poseedora de los medios de producción muy próxima al Estado que nunca creyó en el libre comercio y fue muy proteccionista para poder acumular capital.

Así pues:

-Anarquismo (clase obrera)

-No liberales (Clase media).

- Estatismo Anacrónico (Clases altas).

Hacen que no haya una identificación real con el Estado y se produce una ausencia de acción política por parte de los ciudadanos. El Estado está ahí, esperamos todo de el porqué todo pasa por el al no haber habido un liberalismo auténtico, pero a su vez no esperamos nada porque es un Estado que no ha estado al lado de la gente sino de los clientelismos y las redes próximas al poder.

Ese desapego ha llegado hasta hoy, se ve día a día.

Los asuntos públicos son "cosas de políticos", no de las personas.

La política como forma de relacionarse y administrarse de la gente no existe, existe los partidos que te dan o te quitan. Existe tu partido que "te da", y existe el partido de enfrente al que detestas porque "te quita". No hay proyecto, no hay orden, no hay norte ni destino al que llegar.

La gente no se preocupa por las relaciones con sus vecinos más allá de elementos básicos y triviales.

También hay que entender que hablar de política en público es complicado por:
- GUERRACIVILISMO: La gente entiende la política como dos bandos enfrentados. Si alguien critica a un partido le acusan virulentamente de formar parte del bloque opuesto.

Esos bloques vienen de la guerra civil.

La guerra civil sigue presente y no se ha cerrado del todo. 40 años de dictadura, 35 de "régimen del 78" no lo han conseguido.

No hay interés real en que esos bandos terminen.
- Los españoles entienden todo en términos de "blanco o negro" No hay grises para la mayoría del país.
- Los españoles desprecian los procesos, para los españoles todo son impulsos y procesos de Acción-Reacción.
- No hay prevención, ni planificación a largo plazo. Nos quedamos con "la anécdota", se reacciona a posteriori, un accidente un desastre o un escándalo hace reaccionar a la gente y entonces es cuando se actúa, si no es así no hay ningún tipo de previsión y se vive día a día.
- El nivel cultural es bajo. Muy especialmente entre los más mayores y los trabajadores de la burbuja.
- Los modales y la urbanidad no son rasgos por los que destaquen los españoles. Mucho menos de unos años para acá.

¿Mantendría usted una "conversación política" con alguien sabiendo estos 6 puntos?. Mejor quitarse de problemas y hablar de algo trivial, como el tiempo, los deportes o los contenidos simples de la prensa rosa,. Estos contenidos no son más que meros sustitutos de lo Político entendido en el sentido clásico de "vida en la polis". Lo cierto es que estos sustitutos tienen mucho éxito en su función amortiguadora.

Ante respuestas virulentas a ciertos comentarios mucha gente opta por no hablar de ciertos temas y se refugia en las trivialidades.

Ahí están el fútbol y los canales de televisión italianos como máximos exponentes.

Un ejemplo: me costó mucho votar la primera vez que lo hice. Antes de hacerlo me leí los programas electorales de los partidos políticos. Ya existía internet y los tenían colgados en sus páginas web. Cuando volví de votar iba delante una familia entera La abuela, bastante anciana, preguntaba a sus hijos "¿estas elecciones para que eran?". La mujer ni sabía a que votaba. ¿qué calidad democrática es esa? Para muchas personas esta es la fiesta de la democracia, mucha gente entendemos que el votar por votar no es democracia, la democracia tiene un contenido mucho más grande que los que vemos en España.

La gente vota por inercia. Muy especialmente la gente mayor. Es lo que se considera el "voto cautivo". Gente que va a votar lo mismo independientemente de lo que pase en el país o haga su partido, votará igual siempre a su partido por filia, por fobia o por ambas cosas a la vez, a un partido político de nuestro sistema de partidos del 78. Normalmente son gente desconectada de la realidad, mayor y con bajo nivel de formación académica. Si encima uno cuando se vuelve mayor se vuelve reacio a los cambios, ahí tienen ustedes por qué hay unos 8 o 9 millones de votos que se llevan los principales partidos que no cambian nunca y que no van a cambiar aunque caiga una bomba nuclear en la ciudad que usted viva.

¿Iniciaría usted una discusión política seria con una de esas personas?

No se lo recomiendo, aunque si usted es una persona que disfruta con la discusión puede encontrarlo interesante lo cierto es que la discusión no irá a ningún camino y los argumentos empleados no serán de mucho calado.

¿Alguien puede creer de verdad que se le puede hacer cambiar de opinión a gente así?. Eso es altamente improbable.

¿Cree usted que la conversación puede acabar mal?

Pues sí. Para evitar problemas usen ustedes cualquier comodín y eviten ciertos temas. Antes que hablar de pensiones (las nuestras, las suyas dan por supuesto que nunca van a cambiar), de educación, de industria hable usted de belén esteban y quítese te problemas. ¿Nos quitamos de problemas al hacerlo? A largo plazo no. Es una tumba.

Una pregunta que dejo en el aire. Contéstense a sí mismos:

¿A quién ha votado usted las últimas elecciones?

Me refiero a la lista que votó. Olvídense del partido al que votaron.

¿Cuántos nombres de esa lista puede recordar?

Le aseguro que más del 90% de los españoles que votan no son capaces de recordar los 3 primeros nombre de la lista. Muchos ni si quiera el primero.

Hagan la prueba y pregunte a alguien de cierta confianza en la familia o amigos y vean los resultados desoladores que van a tener.

No se sabe a quién se vota.

No se sabe a qué se vota porque nadie se ha leído el programa electoral.

Para colmo el programa se lo pasan por el arco del triunfo (perdonen la expresión) cuando les da la gana.

¿Es eso una democracia?

¿Es una democracia algo en donde la gente no sabe a quién vota y que no sabe lo que vota?

¿Votar por votar es democracia?

¿Es eso culpa de los alemanes?

LUCHA INTER-GENERACIONAL COMO NO SE HA VISTO NUNCA.

Según PPCC la burbuja inmobiliaria es una estafa usurera generacional donde los mayores nacidos entre 1940 y 1955 han saqueado a los jóvenes.

Lo cierto es que hay un número muy elevado de comentarios en esta línea por multitud de personas donde ser presenta a una juventud saqueada por una vejez con multitud de privilegios. Se habla de un gobierno de los viejos: *Viejunocracia* y no tiene que ver en muchos casos con comentarios acerca de la burbuja inmobiliaria o con los comentarios de PPCC. Los comentarios se encuentran por todas partes.

En la red se encuentra material muy valioso como uno de los gráficos encontrados en los foros (burbuja.info) que debía de provenir de prensa norteamericana porque hablaba de los Estados Unidos. En ese cuadro se ponía de manifiesto la cruda realidad de diferencia entre jóvenes y mayores en EEUU y su evolución entre 1984 y 2009. Unos meses más tarde de encontrar ese cuadro pudimos ver en el informativo de telecinco a un señor de unos cincuenta años quejarse de que el gobierno "solo se preocupaba de los jóvenes", se ve que la impotencia, la rabia o una suerte de amnesia selectiva le hizo olvidar que los jóvenes en España tienen la tasa de desempleo más alta de todo el país con diferencia. Comparando cincuentones con vienteañeros la tasa de desempleo entre segundos es más del doble. Otro ejemplo más de que España sigue en estado de negación.

Veamos los datos de EEUU que son tan significativos.

En EEUU desde que empezó la crisis financiera de origen inmobiliaria uno de cada cuatro jóvenes ha vuelto a casa de sus padres, se ha pospuesto el matrimonio y han retrasado el tener hijos.

Los patrimonios netos medios de los jóvenes menores de 35 años han caído de los 11.521 $ de 1984 a los 3.662 $ del año 2009. Por el **contrario ha habido una transferencia de riqueza brutal de jóvenes a mayores** y si en 1984 el patrimonio neto de los mayores de 65 era de 120. 457 $ a aumentado a 170. 494$

Toda esa transferencia de renta y el hundimiento de la misma entre los jóvenes se ha producido por la burbuja inmobiliaria de Estados Unidos y el modelo económico derivado de ella. En el caso de España, al ser la burbuja mucho más grande la transferencia ha sido mayor en contra de los jóvenes.

"El único consuelo para las nuevas generaciones es que les vamos a dejar una casa". "Perseguimos nuestros propios intereses a costa de los de nuestros hijos y nietos" John Kay[51] Nacido en 1948.

---

[51] El economista.es John Kay es un prestigioso economista británico que dirige a los asesores del Premier británico David Cameron Fue catedrático de la London Business School y la Universidad de Oxford

4 La que nos viene encima.

Aunque la gente común está muy confusa por todo lo que estamos viviendo la verdad es que se sabe mucho del proceso que va a tener lugar los próximos años.

Sabemos que el proceso de reajuste que estamos teniendo no va a concluir antes de los años 2025- 2030.

El proceso que tenemos de devaluación interna va a empobrecer masivamente a la gente. Se va a pagar más por los servicios públicos y se va a recibir menos a cambio, sin embargo por otro lado va a producirse un descenso del precio de bienes y servicios privados que superarán el 30% en la muchos casos, siendo el ladrillo el bien que más va a bajar de precio.

Los salarios van a seguir bajando los próximos años a medida que se profundice en la devaluación interna. España como país consiguió que las generaciones de jóvenes y muchos trabajadores tuviesen una renta salarial de unos mil euros durante la época dorada de la burbuja. El mileurismo va a desaparecer y serán sustituidos por una suerte de salarios que irán en un rango entre los 500 y los 700 euros al mes. Cerramos 2012 en España siendo el salario neto más frecuente unos 800-900 euros al mes. Los salarios descenderán por dos motivos:

1- Por la devaluación interna. La devaluación sabemos estará en torno al 30%. Una devaluación interna es una bajada de precios y salarios. Si el salario más común eran los 1000 euros se devaluará ese 30% (o más). Por lo tanto el salario más común estará rondando los 700 € /mes. Habrá muchos salarios de 500 euros mensuales. Hablamos para trabajos con jornadas de 8 horas. En los sectores menos productivos de la economía la jornada de trabajo será superior a las 8 horas.

2- Habrá un gran ajuste en el empleo público sobre todo a nivel regional y local. Ese ajuste del empleo público en salarios y en despidos va acompañado históricamente por un descenso de los salarios en los sectores privados.

El gobierno de turno que venga jugará a la Yenka "izquierda-derecha-adelante detrás- 1,2,3" con el precio de la vivienda. Por un lado tiene que proceder a la devaluación interna y a la corrección valorativa muy a la baja de las viviendas, por otro tiene que hacer que las personas con hipotecas paguen todo el dinero posible y no tomen consciencia de su pérdida patrimonial. Como los dos términos chocan entre sí habrá actos "contradictorios" del gobierno de turno. Vean si no las declaraciones que hizo cierta política del gobierno diciendo que los votantes de su partido son los que pagan la hipoteca en claro choque con aquellos que si les votaron pero no pueden pagarla porque se han quedado sin empleo y sin dinero.

Seguirá habiendo ajustes en la banca. Aunque el proceso está muy avanzado se sabe que hay partidas ocultas de activos tóxicos inmobiliarios que se han decidido esconder bajo la alfombra. Muchos sospechan que todas las cajas de ahorros que de momento se han librado de la quema mienten y ocultan en multitud de créditos relacionados con la burbuja inmobiliaria, muchos comentarios en la red apuntan que la caixa oculta en sus balances mucho ladrillo que tarde o temprano saldrá a la luz. Otros dicen que la caixa se salvó la burbuja inmobiliaria por Criteria, otros niegan la burbuja inmobiliaria en Cataluña (y país vasco) y dicen que eso es cosa de "españoles". Lo cierto es que Cataluña y país vasco han tenido una burbuja inmobiliaria brutal y aún no ha salido todo a la luz. En el caso catalán tenemos a Cataluña-caixa que ha tenido que ser rescatada. Su tamaño al lado de La Caixa es muy pequeño. Cuando esto salga a la luz habrá problemas serios pero sabemos que esa misión histórica de ajuste de La Caixa no llegará hasta dentro de unos años.

España reorientará su modelo económico quiera o no quiera a un modelo de producción de bienes de equipo y exportación.

Mucha gente se pregunta ¿saldremos de esta?, ¿Cuándo saldremos de la crisis?. Esas preguntas llevan implícito algo más. Cuando la mayoría de la gente se hace esas preguntas se refiere muy mayoritariamente a: "¿saldremos de esta y será todo como antes?". "¿Cuándo saldremos de la crisis y volveremos a estar como antes?". Tengan bien claro que ustedes y yo nos vamos a morir sin ver lo que vimos entre los años 1986-2006. Las cosas no serán como antes nunca más.

Demografía de crisis.

Por el mero hecho de vivir necesitamos un espacio físico sobre el que movernos y descansar. La vivienda es muchas cosas a la vez. Es refugio, el lugar donde fundar una familia, el lugar de descanso, es una prolongación del útero materno. Por lo tanto la vivienda está directamente ligada a la demografía.

En España está a punto de empezar el invierno demográfico. Una muerte lenta y dulce que ya se experimenta en muchas zonas de España en la que la población va envejeciendo matando su capacidad productiva hasta que al final la zona en la que viven queda despoblada. En el noroeste español tienen un buen ejemplo. No es la única zona. Muchas zonas rurales están en esta situación. Se pierden cada vez más habitantes hasta que quedan pueblos fantasma.

España ha estado muchísimos años en el top 3 de países que tenía menos hijos por mujer en edad fértil. Japón e Italia nos han acompañado en este podio durante dos décadas. El fenómeno en España además es curioso porque se contrapone a la generación del baby boom de los nacidos en los 70. La generación más numerosa de españoles de la historia se cortó de raíz y se pasó al polo opuesto.

Los baby boomers son la generación que creció con la burbuja inmobiliaria y que se ha llevado las peores consecuencias de ella. Por edad se llegó a la treintena cuando empezó la subida más fuerte del precio de los pisos alrededor del año 2000. Por edad son tan jóvenes que van a pagar la deuda contraída. Sus mayores, por cuestiones biológicas más que evidentes, van a morir sin ver el pago de la deuda adquirida. Los baby boomers van a ver que sus pensiones, van a ser mucho peores que las de sus progenitores, que el aparato público y de protección (sanidad) va a ser peor porque la mayor parte de los recursos públicos se van a tener que destinar a pagar la deuda. Son los españoles sobre los que más se va a aplicar la máxima de "pagar más a cambio de menos". Les queda el "consuelo" de que disfrutarán de la herencia recibida al morir sus progenitores. Una trampa como podrán comprobar viendo en lo que se puede convertir la propiedad inmobiliaria según vaya pinchando la burbuja.

La cuestión es que el grupo de edad por debajo de los baby boomers es un 38% inferior. En España además hay una serie de distorsiones inducidas que han dañado severamente la capacidad de percepción de los ciudadanos. Como más destacable la del sistema de pensiones. Amplísimos y mayoritarios segmentos de la población no entienden que las pensiones las pagan los jóvenes cotizantes a sus mayores ya jubilados. Algo que gustosamente se hace por parte de los jóvenes españoles aunque no se les reconozca socialmente. Si los salarios bajan (salario más frecuente 900 €, en unos años entre 500€ y 700€), si la generación más numerosa se jubila, si hay menos jóvenes, es evidente que por mucho que hayas trabajado y te hayas ganado un derecho a recibir una pensión nunca jamás podrás cobrarla igual que tus padres porque no va a haber dinero para pagarlas. Matemática elemental.

El invierno demográfico no solo afectará a las pensiones. Afectará al gasto público, la capacidad de trabajo, la innovación, la voluntad de la sociedad y afectará bruscamente al mercado de la vivienda.

Mucho se habla en internet acerca de la pirámide de población y la pirámide demográfica. En los medios de comunicación de masas, televisión y radio, consumidos fundamentalmente por gente mayor, esto se ignora y se oculta deliberadamente a partes iguales. El problema que viene no solo se esconde sino que se vuelve a inducir torticeramente a pensar equivocadamente y se induce al error, igual que se hizo con la vivienda en los años de la burbuja. La idea que se presenta a la generación de baby boomers es que todo será igual para ellos sabiendo que no es cierto.

La población y el mercado de vivienda es el que nos interesa.

Una demografía como la española evidencia que la demanda de viviendas va a caer bruscamente porque los veinteañeros son la mitad que los treintañeros. De 30 para arriba casi todo el mundo está hipotecado o ya tiene vivienda en propiedad, los potenciales compradores son los jóvenes y los segmentos de población que quedaron indultados de la compra de vivienda ya sea por vivir de alquiler o porque eran demasiado pobres como para acceder a una hipoteca.

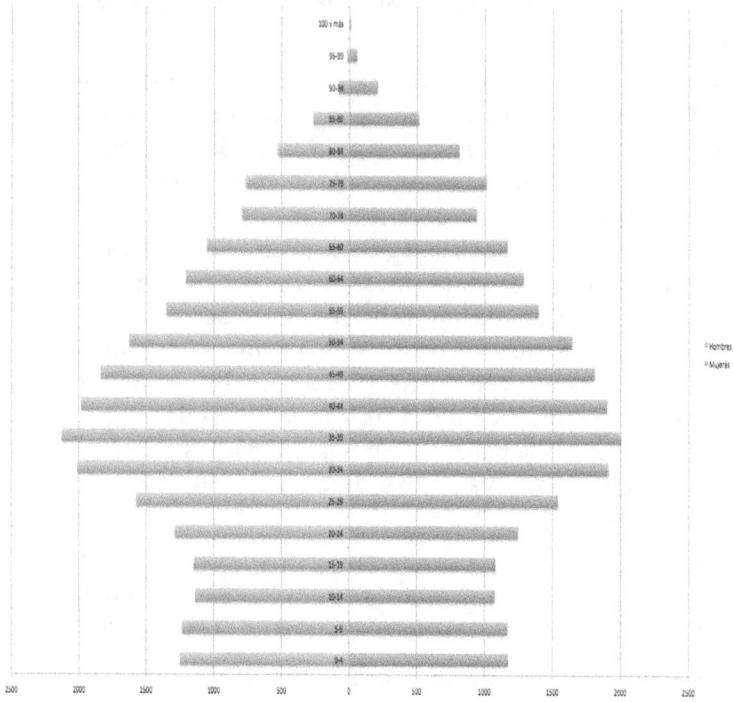

Hagan una prueba. Durante un tiempo prudente (entre 1 mes y una semana) fíjense bien en la gente que les rodea en los sitios en los que está. Verá que la población que ve usted en la calle, comprando, en el transporte, paseando con su familia, está muy envejecida. España es, tristemente, un país de viejos. Lo va a ser más en el futuro. La demanda de compra de vivienda se va a contraer bruscamente por dos motivos:

Por Nº de demandantes.

Porque esos demandantes van a heredar las viviendas de sus mayores (que han acumulado como ahorro e inversión) y no van a necesitar comprar.

España es un país muy hostil contra las personas que quieren tener hijos.

El sistema productivo está orientado para producir sin hijos. Los horarios laborales son incompatibles con los hijos. Nuestro modelo económico no es productivo sino intensivo. Como la productividad es baja se trabaja muchas horas. El modelo productivo está directamente relacionado con la capacidad de tener y criar hijos. El modelo social desarrollado por el ladrillo ha buscado la ruptura de parejas tradicionales porque así se venden más pisos, también ha fomentado socialmente la aparición de nuevos modelos familiares que sirviesen como demanda para la adquisición de viviendas. El resultado de todo esto es que según empieza a madurar la primera fase de la burbuja inmobiliaria en los años 80 se produce una relación directa con el descenso de la natalidad española.

Según información proporcionada por Cáritas y publicada en La Voz de Galicia el 41% de las familias con 3 hijos o más viven por debajo de umbral de la pobreza.

> España ha desarrollado un sistema casi-único en el mundo de camuflar su pobreza en base a no tener hijos y disfrutar del dinero a corto plazo sacrificando el largo plazo.

España es un país muy hostil contra su juventud y contra los niños. Comparen las ayudas a la tercera edad comparadas con las ayudas a niños y jóvenes y vean el resultado. No se trata de juzgar moralmente de si eso es correcto, de si se debería dar más a todos o si se debería quitar a nadie, sino de ver hacia dónde está orientado el modelo y si se puede perpetuar en el tiempo.

De DRY al 15-M

Conozco un poco los procesos asamblearios desde dentro. En participado en unos cuantos a principios de la década del 2000. Hace ya más de 10 años. Antes de eso los procesos asamblearios existieron con mucha fuerza a mediados de los 90, en los 80 y con efervescencia en "la transición" del franquismo al régimen del pelotazo del 78. Ha sido pieza clave en los movimientos obreros y sindicales durante décadas hasta que la burocracia ha enterrado ese modelo por uno burocrático. Ha pasado por el Mayo del 68 francés. No es nada nuevo por mucho que los más jóvenes lo vean como novedad y los más viejos queden sobre el papel "impresionados", el que se impresiona por un proceso asambleario o es porque tiene memoria corta o porque ha estado al margen total de la política social durante décadas, no se engañen la mayoría de los españoles son así como mecanismo de defensa.

Muchos asamblearistas defienden las asambleas como una suerte de herencia de la democracia ateniense ya que los antiguos griegos fueron los creadores de las asambleas y de lo que se conoce por "democracia directa" frente a nuestras democracias que son "democracias representativas".

Es también una mezcla de esa idea con el sindicalismo tradicional y la huella que dejó el 68 francés.

La democracia griega está hoy día idealizada. A grandes rasgos: Había que ser mayor de 25 años, haber cumplido el servicio militar, haber ejercido cargo público (funcionario, entonces era obligado ser funcionario), ser un hombre, y ser libre (era una sociedad esclavista), poco tienen que ver esos rasgos con lo que consideramos hoy día como democracia.

Es fácil conocer las asambleas, sus virtudes (pocas pero emocionales) y sus defectos. Mucho más lo conocen los gobiernos, sus ministerios de interior y seguridad y sus servicios secretos.

La mejor forma de parar un movimiento asambleario es dejarlo morir solo. Todos los asamblearismos son auto destructores, pasada la novedad inicial, la falta de objetivos y las contradicciones de los mismos, lleva las discusiones a que se centren en el propio funcionamiento de la asamblea. Funcionamiento que rápidamente se vuelve extraño para los que no participan habitualmente en ellas. Acaba siendo una barrera que impide que nuevos participantes entren a formar parte de la asamblea. Aunque los asambleístas se sigan viendo a sí mismos como un cuerpo abierto lo cierto es que se cierra de forma directamente proporcional al tiempo que se alarga la asamblea.

La situación acaba deteriorándose por si misma y sin nuevos miembros la asamblea acaba descomponiéndose y empiezan a darse deserciones de los habituales que ya no encuentran su sitio. Normalmente todo deriva en una organización en grupos de trabajo donde los propios grupos se cierran y acaban siendo un fin en sí mismo. Tras algún golpe de efecto acaban desapareciendo con fuerte división interna y un cierto aire sectario cara a los de fuera y a las organizaciones políticas más tradiciones.

Se autopervierte y se autodestruye trascurrido un tiempo.

La otra forma que tienen los servicios secretos u organizaciones políticas opuestas de liquidar una asamblea es mandar "topos" que dirijan la asamblea en un sentido discursivo político determinado y que neutralicen a los miembros más activos, valiosos y carismáticos de la misma.

Luego hay que hablar en público y eso es algo que no todo el mundo sabe hacer, a mucha gente le da pavor.

En una dialéctica en público no gana el combate quién tiene razón, vence el que mejor expone sus argumentos y desarrolla sus contenidos. Una asamblea es una multitud de choques dialécticos cruzados. Los vencedores de los choques dialécticos destacan y acaban monopolizando y dirigiendo las asambleas.

Paradójicamente algo abierto como una asamblea acaba cerrándose y muere de éxito.

Los asamblearismos hoy en día son algo más propio de estudiantes universitarios que de trabajadores.

El sindicalismo actual se ha encargado bien de encauzar las asambleas y reducirlas a la mínima expresión. El asamblearismo obrero es una reliquia del pasado. Hoy día pesa más la burocracia y las elecciones sindicales en un país de muy baja afiliación sindical y de decadente simpatía por parte de los trabajadores.

Desde mayo del 69 ya se sabe que las protestas estudiantiles mueren en época de exámenes. Basta con esperar y dejar que el tiempo haga su trabajo para que las protestas se vengan abajo.

Todo esto nos lleva al 15-M. Mayo. Igual que el icónico precedente francés.

Para alguien joven que participase en el 15M todo esto resultaría excitante y novedoso. Más para unas generaciones que se han acostumbrado a no protestar y tener una vida hedonista, materialista y superficial en un contexto donde hay un futuro más sombrío del que se creen. Vamos a ser las primeras generaciones que vivamos peores que nuestros padres desde la II guerra mundial en términos estrictamente generacionales.

Para el poder todo esto de los movimientos asamblearios no es nada nuevo, esta vez la gran novedad de las movilizaciones han sido las redes sociales. La ventaja aparente de su inmediatez, es su capacidad de movilizar gente rápidamente y la capacidad de romper censuras, se gana también inmediatez y acceso a mucha gente de fuera de tal forma que el que quería saber sobre las asambleas y su contenido podía hacerlo.

Con los telediarios solo se controla a la gente mayor y a los que voluntariamente se autoexcluyen de los asuntos públicos y políticos. Por otro lado hay una gran inconveniente para los asambleístas que quizás no han tenido muy claro: nunca antes los ministerios de interior de los países, sus policías y sus servicios secretos lo habían tenido tan fácil para controlar a la gente.

Quizás sea este uno de los motivos por los que "no pasa nada". Los outsiders están muy controlados. El motivo fundamental es otro como ya hemos visto en el capítulo 3 del libro.

Personalmente fui 3 veces a la puerta del sol para ver que sucedía.

Conozco las asambleas de mucho antes de la movida de sol, desde hace más de una década y por ese motivo me atrevo a juzgar y dar mi opinión, porque la experiencia es fundamental en estos casos para entender qué pasa por dentro.

Tal y como yo lo vi hubo una evolución en 3 fases de lo que allí pasó.

Todo empezó con DRY.

El logo 15M sirve para tapar lo que pasó antes.

No empezó el 15 ni "los indignados" sino que todo empezó bajo unas siglas DRY- Democracia Real YA. Un frame –idea-estructura clara: "democracia real" es decir negación de la democracia a representativa actual y unas demandas muy concretas que pasaban por la separación de poderes y una reforma de la ley electoral.

Fue un buen gancho en principio que funcionó y atrajo a mucha gente de distintas ideologías y edades, fue lo que se dice un movimiento transversal en su inicio aunque luego esto dejó de ser así.

En las altas esferas no gustó nada. Reformar la ley electoral es romper el status quo actual desde 1978 que favorece siempre a 4 partidos que han repartido y han hecho a su antojo lo que han querido con los españoles y su dinero: CIU, PSOE, PNV y PP.

Nadie ha reformado nunca la ley electora ni hay la más mínima intención de hacerlo.

El otro frame gustó aún menos "separación de poderes" aunque este tuvo menos gancho en el pueblo llano lo cierto es que es una demanda aún de más calado que la anterior

Separar poderes supone reconocer que España no ha tenido una democracia homologable a las grandes democracias desde 1978. Reconocer una mentira, quedar a la intemperie judicial, quitar a los altos cargos de la judicatura y sustituirlos por jueces verdaderamente independientes. No gustó absolutamente nada. La justicia depende del poder político hoy día. Se habla de jueces "progresistas" (sic) y "conservadores" (sic) con descaro, no solo por sus propias ideas sino por quién los ha nombrado, también se han colado por medio del cupo dos jueces vinculados a CIU, hoy día volcados en el independentismo, es evidente que esos dos jueces no hubiesen pasado el filtro democrático si hubiese habido separación de poderes y no un sistema de cupo político, pero no solo ellos, sino el conjunto de magistrados del CGPJ y del TC tampoco lo habrían hecho tal y como sospecha mucha gente en la red que tiene verdadera conciencia democrática.

Había que quitar ese frame de la cabeza de la gente y de los ciudadanos que protestaban, se hizo rápidamente usando la táctica del "no piense usted en un elefante" y sustituyendo las ideas de Democracia Real por otros frames diferentes.

Para no pensar en DRY había que meter a la gente otra idea en la cabeza. La oportunidad vino muy rápido. La algarada que es para muchos una protesta casaba muy bien con un libro oportunista de alguien anterior a la generación Triunfadora del nacional-ladrillismo hispánico y de la burbuja inmobiliaria occidental. De DRY se pasó a "los indignados" mientras en las tertulias más reaccionarias se hablaba de alborotadores y cuasi terroristas.

Le faltó tiempo al autor del libro para ofrecerse. Encantado de sí mismo y con esa superioridad moral y ética que se dan los mayores y más si son de izquierdas. Cambió el chip de la gente. Nada de democracia real. Ahora indignación. El daño fue brutal y la gente ni se enteró que les habían robado la cartera.

Lo de indignados casaba muy bien con esa imagen cercana a la violencia que se quería transmitir desde el poder, sin embargo el temor a la conflictividad social les llevó a moverse rápidamente y en pocos días se volvió a cambiar de frame por otro también gregario pero más aséptico, los indignados dejaron de estar indignados, el libro pasó de moda y se habló de lo que se conoce como el 15-M para entonces las cosas habían cambiado mucho en pocos días.

Sabemos muchas cosas que van a pasar.

¿Qué sucede desde el punto de vista inmobiliario cuando hay una generación ganadora que es precisamente la de mayor edad y una perdedora que es precisamente la joven? Que la generación ganadora no tiene necesidad de desprenderse de su vivienda de sus bienes inmobiliarios y se produce una situación de No-mercado donde el vendedor (mayores) demanda un precio que el comprador (jóvenes) no puede pagar.

"mi casa vale 300.000".

"Le puedo pagar 100.000".

"no me interesa".

Por lo tanto no hay compra ni venta.

Esas viviendas son viviendas antiguas que mayoritariamente están en el centro de las ciudades. Se produce un fenómeno de Expulsión de la gente joven a la periferia, cada vez más alejada del centro, por culpa del precio de la vivienda.

Al precio de la vivienda y la situación de no-mercado hay que sumar otros dos factores universales que se da en sitios como EEUU o España. La diferencia entre EEUU y España es que en EEUU ya llevan dándose durante décadas por lo que podemos observar con claridad algo que es nuevo en España pero está sucediendo y va a intensificarse las próximas dos décadas:

1- La gente se va de los pisos y prefiriese irse a vivir a viviendas unifamiliares. Por lo que abandonan el centro y se va a la periferia por "comodidad", "status", "seguridad" etc.

2- Los centros urbanos se ven fuertemente deteriorados por la llegada de la inmigración masiva y la población local, sin admitir este motivo, se marcha a la periferia "blanca" en el caso de EEUU. Los "suburbs" ingleses o de UK que aquí se llaman "urbanizaciones".

Esto produce a largo plazo un fuerte deterioro del centro de las ciudades. En otras ciudades europeas (Lisboa por poner un ejemplo, alguna italiana también es un buen ejemplo) es habitual ver casas e incluso palacetes que se caen literalmente a cachos. El comprador no puede pagar lo que el vendedor demanda. Se detiene el dinamismo y se produce una situación de parálisis.

La gente joven es dinámica, la gente mayor es conservadora, inmovilista y por término medio reaccionaria aunque muchos no se vean así mismos como tal.

En España aún se gasta mucho dinero en mantenimiento de infraestructuras y material urbano.

Según avance la crisis, es decir, el derrumbe inmobiliario los próximos 10 años veremos que las ciudades no podrán destinar tanto dinero como ahora a mantenimiento. En algunos casos simplemente esas partidas desaparecerán de los presupuestos algo lógico por otra parte.

Ya empezamos a verlo en barrios de ciudades de toda España. Yo que soy madrileño me fijo mucho en la cantidad de edificios y locales que hay en el centro, cerrados y abandonados. Si no me creen vayan de la puerta del sol a Jacinto Benavente y fíjense bien en los locales abandonados que hay en la calle carretas o si no vayan a plaza de España, que está cerca y vean bien los dos grandes edificios abandonados que hay allí. El diario "El país" sacó hace unos meses una imagen-gráfico con los edificios vacíos que hay en plaza de España. Una zona tan importante y tan bien situada tiene varios edificios vacíos incluyendo el edifico España que ha sido emblema de la ciudad durante décadas. La situación de deterioro de la Plaza de España en Madrid ha sido tal que un bloque entero fue ocupado por okupas. Aún hoy día se pueden ver las secuelas de la ocupación del edificio lleno de pintadas y un claro estado de abandono y deterioro por parte de sus dueños que se niegan a admitir el nuevo paradigma económico y se niegan a hacer el ajuste de precio para dar salida a los edificios.

Evidentemente la zona es inmejorable. Pero la situación de No-mercado y los problemas legales expulsan a las empresas y a la gente de poder darle uso a esos edificios para regocijo de los triunfadores del ladrillo que siguen queriendo exprimir a los bichos que ocupen tales edificios lo máximo posible.

Hay cientos de edificios así en toda España.

En mi opinión y en la de muchos toda solución posible a esto pasa por un radical abaratamiento de los costes inmobiliarios (-50% a -80%), un catastrazo que duplique o triplique el actual y forzar a los bancos, que suelen ser los dueños como el caso del edificio España donde el dueño es el Banco de Santander (pagó 277 millones de euros por el edificio), a pagar las comunidades de vecinos ya que no las pagan habitualmente y los IBIs, que también son "perdonados" generosamente por las administraciones públicas en ese obsceno "quid pro quo" que hay entre las entidades "financieras" y las administraciones públicas.

Para que luego digan que el Banco de Santander no está expuesto al ladrillo

Mas cosas que van a pasar:

En política monetaria en nuestra situación solo hay dos opciones teóricas que en realidad se reducen a una sola por las circunstancias propias que definen a España como país integrado en la Unión Europea. Por lo tanto sabemos que esa parte del proceso es inevitable.

Las dos opciones son:

    1) Imprimir dinero para pagar la deuda. De esta forma, en teoría, se genera mucha inflación. Esto es lo que están haciendo EEUU y UK. De momento no está habiendo

inflación. La inflación acabará apareciendo y al final lo que hay es un proceso de empobrecimiento masivo que afecta mucho más a las rentas más bajas que a las altas que pueden invertir en otros royalties para salvar la pérdida de valor de su moneda. Por otro lado cuando la inflación es alta lo que se produce es una pérdida de competitividad enorme y uno pierde la capacidad de exportar productos. EEUU y UK son dos grandes exportadores pero son dos importadores netos. EEUU y UK tienen una estrategia clara de imprimir moneda para ir funcionando y pagando su monstruosa deuda que no deja de crecer. La ventaja que están experimentando de momento es que el empleo no se está resintiendo a base de aumentar la deuda y en un futuro empobrecer masivamente a su país. EEUU y UK necesitan que los demás inflacionen también para amortiguar la pérdida de competitividad que supone la inflación en un país. Todo buen patriota americano y todo su gobierno buscarán que los demás sigan su misma estrategia de imprimir billetes, que es exactamente lo contrario que está haciendo el Banco Central Europeo[52]. Por eso desde EEUU-UK (y también sus países satélites en Asia como Japón, Corea y Taiwán) se presiona tanto en contra de la austeridad europea. Saben que en un punto del futuro que aún no sabemos ellos se van a quedar atrás y el que tenga mejor las cuentas saldrá como un tiro y se

---

[52] Sobre el papel

encontrará en posición de disputar la hegemonía al bloque anglo (EEUU-UK). Esa es la postura del núcleo europeo (Alemania y sus satélites germánicos) que está siendo tan dolorosa para nuestras débiles, corruptas, desindustrializadas y poco competitivas economías del sur.

2) Una **devaluación Interna**. Esto es lo que pasa cuando uno no controla la emisión de moneda y lo hace una entidad ajena. Es el caso de España y el BCE.

¿Qué es una devaluación interna?

Una devaluación interna es una bajada **de precios y salarios**. Repitan conmigo varias veces: precios y salarios, precios y salarios.

En España están bajando los salarios y no los precios. Así no funciona una devaluación interna. Todos los esfuerzos y logros que se consiguen por la bajada de salarios se estropean y por la no disminución de precios.

Los precios deben abaratarse tanto como la caída de salarios (en general) y en el caso de la vivienda ha de darse un descenso de entre el 60% y el 75% del precio sobre el pico de la burbuja (años 2006-2008).

¿Cuánto va a acabar costando una vivienda? Hay un coeficiente que es unas 4 veces o 4'4 veces el salario medio. No confundir salario medio con renta per cápita. El salario medio es mucho más bajo que la renta per cápita. Ha de medirse en bruto. Si el salario medio en España es de, pongamos, 17.000 euros una vivienda estándar (80-90m2) en un pueblo o en un barrio obrero no debe costar más de 68.000 euros. Como el origen de la crisis española es inmobiliario la devaluación interna ha de hacerse con la radical reducción de costes inmobiliarios como base.

No hay emprendimiento posible con el coste actual de los locales. Hoy día montar un negocio supone pagar una mordida inmobiliaria que se come los beneficios y resta la posibilidad de contratar más personal. Además la difícil accesibilidad a la vivienda por parte de los empleados es lo que produce todas las rigidices laborales que tanto critica la patronal. El sueldo de un empleado está fijado por su necesidad de acceder a una vivienda. Cuanto más caro sea el acceso a esa vivienda más alto es el salario que necesita uno para vivir y más competitividad pierde las empresas que han de pagar esos salarios. Es mejor 2 salarios de 700 euros con un coste de vivienda de 200 €/mes que 2 salarios de 1000 con un coste de vivienda de 1000€/mes. A largo plazo es el camino que va a tomar al menos dos docenas de países occidentales que tenemos unas burbujas inmobiliarias enormes aunque el caso más destacado será el de España pues es la burbuja inmobiliaria más grande de la historia.

Los salarios privados bajarán después de que bajen los públicos. Habrá una gran orgía bursátil a costa de la gestión de las pensiones.

La inflación se la intentará comer EEUU y deseará arrastrar a los demás todo lo que pueda.

Habrá un Pensionazo. Una inevitable bajada nominal de las pensiones, especialmente concentrada en el tramo superior de pensionistas. La pensión media en 2013 ha subido a 975 euros al mes, ya es superior al salario medio y se han bajado las pensiones a los jóvenes. Es inevitable que se produzca un ajuste en pensiones que es la segunda partida de gasto público más alta tras la partida territorial (gasto de Comunidades autónomas).

Habrá una fuerte reducción de los salarios de los directivos a final del proceso (Suiza y la UE ya están en esta línea).

El proceso de construcción de Europa seguirá adelante y se producirá una concentración de capitales paneuropeos y el surgimiento de grandes corporaciones europeas por fusión y absorción de varias de las mismas donde las empresas grandes españolas tienen todas las papeletas para acabar integradas en otras más grandes europeas.

Sabemos que estos fenómenos sucederán en algún momento de la historia, lo que no sabemos es cuando sucederá pero si sabemos que SI sucederá. También sabemos que no va a ser de forma lineal y que el proceso tendrá forma de "dientes de sierra" como en la bolsa con sus subidas y sus bajadas pero que se alcanzará estos puntos en cuestión. También sabemos que de momento el gobierno (y cuando hablamos de gobierno nos referimos no solo al partido que gobierna el Estado, las CCAA, y las EELL sino también a los altos funcionarios y al stablishment económico financiero) está actuando como congelador y sin horizonte esperando que pase el temporal sin darse cuenta que día que pasa es día perdido y un clavo más en nuestro ataúd.

EDUCACIÓN

El sistema educativo prepara a la gente para incorporarse a la estructura productiva de un país. Así pues el sistema educativo es consecuencia del sistema productivo.

Dicho de otra forma, el modelo español basado en Ladrillo + Turismo + Consumo interno + Eurosubvenciones ha producido el sistema educativo que tenemos.

¿Qué tipo de formación demanda un modelo como el nuestro?.

Demanda poca formación académica, sin idiomas. Vean la tabla siguiente.

	Formación académica	Idiomas	Productividad	Valor añadido
Ladrillo	Baja	No	Baja- Muy baja	Muy bajo
Turismo	Media-baja	Si	Baja	Bajo
Consumo interno	Baja	No	Baja	Bajo
Eurosubvenciones	Baja	No	Baja	Bajo

En España cuando se habla de la educación se hace hincapié en los niños más pequeños. Eso por sí mismo es algo muy significativo. En el subconsciente de muchos españoles la educación a partir de secundaria no está presente. Esto es por culpa del modelo productivo que tenemos donde no hacía falta formación para trabajar. No solo durante la burbuja inmobiliaria, que fue un período donde se agudizó fuertemente los rasgos que hemos citado (el abandono escolar fue récord en la historia de España) sino que también influye que nuestros mayores, que son quienes nos dejaron este sistema educativo, vienen de una generación con un nivel académico muy bajo, sin formación, tras una guerra civil y con un número más que considerable de analfabetos funcionales que tuvo que salir adelante trabajando duro en puestos de trabajo de bajo valor añadido. Esto ha dejado huella en el acervo cultural español aunque de forma no intencionada. Nunca hubo mala intención por parte de los creadores del sistema educativo actual, simplemente es lo que se vio y lo que les funcionó a varias generaciones. "si no estudias te pones a trabajar" y eso es lo que se hizo mayoritariamente porque el sistema productivo absorbía esa mano de obra pero eso se ha venido abajo con el hundimiento de la burbuja inmobiliaria y el proceso de globalización económica mundial que tenemos en el siglo XXI.

Cuando el ministro de educación Wert dijo que sobraban investigadores dijo una verdad dolorosa. Lo triste e indignante es que es cierto porque el sistema no absorbe esa mano de obra tan cualificada, no hay una estructura productiva que demande investigadores o licenciados al estar en los 4 pilares económicos que hemos nombrado. Es un problema estructural. Un problema de estructura económica. Para sacar partido a los licenciados, investigadores y técnicos españoles hay que re-orientar el sistema productivo. El grave problema que tenemos es que no hay voluntad de hacerlo. La mayoría social, en este momento, tiene un apego terrible al modelo muerto de Ladrillo + Turismo + Consumo interno-Servicios + Eurosubvenciones.

Jordi Évole fue a Finlandia en uno de sus programas de salvados y repasó el modelo finlandés para los más pequeños. Finlandia es el país número 1 en cuanto a modelo educativo según varios rankings y tiene un reconocimiento internacional envidiable. Sin embargo volvió a cometer el error de centrarse en los más pequeños. Aún así se pudieron ver las grandes diferencias culturales que hay entre españoles y finlandeses plasmadas en los alumnos de educación primaria.

Hay que decir que a pesar de todo la educación primaria en España es bastante buena. La vida es color de rosa en la mayoría de los casos. El problema llega a partir de la secundaria y después en la formación adulta cuando los alumnos tienen que orientarse al mercado productivo español. La Tasa de abandono escolar en 2010 fue del 28%, duplicando la media europea (como el desempleo) y hay una relación directa entre desempleo y formación. Muchos jóvenes se preguntan ¿de qué me sirve estudiar si luego no hay trabajo?. Durante los años de la burbuja se produjo una situación humillante para licenciados y diplomados: menos empleo, menos reconocimiento y menos salario que muchos de los que habían abandonado la escuela y se habían metido al mundo de la construcción. Cuando todo fue mal hubo dos planes E de 11.000 millones de euros destinados a obreros de la construcción. Los licenciados, diplomados e investigadores no tuvieron su plan E. El gasto en ellos fue de cero euros. Sobraban y lo hacían porque el sistema productivo no les demandaba. Hoy son el grupo mayoritario de los que se están marchando de España y se están repartiendo por todo el mundo.

Aunque la primaria funciona bien, la secundaria se estropea porque ya está vinculada directamente con el aparato productivo. Sin embargo tras pinchar la burbuja el problema está en los adultos que no se formaron y entraron a trabajar al sector servicios y construcción. Millones de personas que tienen que reconvertirse o empezar a formarse porque su nivel de estudios es muy bajo, su formación académica equivocada y su perfil técnico inexistente para el nuevo paradigma productivo que viene. La mayoría no tienen formación y nunca jamás van a volver a trabajar en empleos vinculados al ladrillo o al sector servicios (consumo interno). En Alemania tienen las Escuelas Superiores Populares (Volkshochschule) que forman a adultos aunque su formación académica y profesional es superior a la española, curiosamente Alemania tiene un porcentaje muy superior de profesionales con formación profesional necesario para las fábricas. En España no tenemos tanta gente con esa formación porque fabricamos muy poco y carecemos de un plan real de formación de adultos para reconvertirlos y reciclarlos.. El modelo que tenemos en España es claramente insuficiente, nosotros necesitamos:

-Primero reorientar nuestro modelo económico a uno basado en la producción de bienes de equipo y la exportación.

- Segundo: formar a todos los adultos en un macro plan estructural para que vuelvan a ser productivos dentro de ese esquema.

-Al mismo tiempo romper barreras culturales relacionadas con la edad. En España somos tan "paletos" (perdonen al expresión) que la edad pesa mucho en los puestos de trabajo y los directivos y empleados está llenos de prejuicios. Por estructura económica y demografía el equilibrio se ha roto, van a hacer falta los adultos en el aparato productivo. Desterrar frases del tipo "es demasiado mayor para hacer eso" va a ser un imperativo. Introducir medidas contra la discriminación por edad es algo fundamental. En España a la hora de redactar un curriulum vitae hay que poner la edad, en los países anglosajones no, se mira más la formación y la experiencia, aquí nos guiamos por prejuicios heredados de otra época.

El modelo productivo tiene otros problemas. Uno que focaliza la atención de los internautas es el I+D+I.

¿Cuál es el I+D+I de las empresas españolas?

Por productividad referida al conjunto de bienes y servicios fabricados: ¿Cuál es el I+D+I de las grandes empresas españolas como el Corte Inglés, Zara, Mercadona o Acciona por poner unos ejemplos?. Piensen en las grandes empresas conocidas y las patentes que han desarrollado y son conocidas. ¿Son conocidas esas patentes, hay patentes que dan dinero?

El I+D+I privado es muy bajo comparado con las grandes empresas punteras internacionales. El I+D+I es visto como una responsabilidad pública. Se carga la necesidad de investigar al Estado dentro de sus partidas presupuestarias como si fuese su responsabilidad que el I+D+I en España sea bajo. En los países donde la investigación es un referente el gasto fundamental lo hacen empresas privadas. ¿Las empresas españolas no tienen nada que decir en todo esto? ¿No son culpables de invertir poco? ¿es culpa de los alemanes que el dinero se gaste en otras cosas?

La parte de dinero que falta en inversión al I+D+I está vinculada a 2 factores:

- El tamaño de las empresas (PYMEs).

- El peso del ladrillo en la cuenta de balances y las operaciones "logísticas" (ladrillo) fallidas y pagadas a precio de oro en los últimos años.

El tamaño de las PYMES en España es muy reducido. Durante la burbuja se endeudaron masivamente por el ladrillo. Los locales, naves, oficinas en las que operan tienen un coste que les condiciona y ha hecho que cierren miles de empresas pinchada la burbuja. Sin ese coste inmobiliario muchísimas seguirían aún vivas y el desempleo no habría aumentado tanto.

El coste inmobiliario ahoga a todas las empresas, especialmente a la PYMES españolas. Se salvan aquellas que son viejas y se libraron en su momento de la carga inmobiliaria. Esas son las que tienen más probabilidades de salir adelante aunque eso no es suficiente a nivel de país porque necesitamos muchas más para generar empleo que de trabajo a los millones de desocupados que tenemos.

El coste inmobiliario estrangula a las PYMES repercutiendo en el empleo, en los salarios y produciendo una ausencia de inversión escandalosa. Para que haya inversión tiene que haber ahorro, sin ahorro no se puede invertir ni destinar dinero a I+D+I. Cuando uno no tiene ahorro tiene que recurrir al ahorro externo en otros países, los famosos créditos que hemos recibido de fuera de la banca alemana, francesa etc. etc. El problema es que somos el segundo país del mundo con mayor deuda per cápita y ya no nos presta nadie más dinero ¿es culpa de los alemanes el haberse gastado tanto dinero a crédito y no ahorrar?.

Las grandes empresas españolas tampoco han destinado grandes sumas de dinero a I+D+I salvo contadas excepciones. El dinero ha ido a la "inversión" (adquisición) inmobiliaria y a la compra por apalancamiento (deuda) de otras empresas, muchas de ellas en el exterior. Un proceso largo que se acentuó en la década de los 2000 y que forma parte básica de la estructura económica de España. La deuda privada resultante es de 1,3 billones de € de las empresas privadas. Si le sumamos la deuda privada de bancos y familias **comprobamos que el 80% de la deuda total es de origen privado** que se ha ido transfiriendo a deuda pública mediante el rescate a los bancos.

Ese dinero que ha entrado asciende a 3,5 billones de euros en 2011 según algunas fuentes. No se ha destinado prácticamente nada a I+d+I sino que ha ido a mayoritariamente al sector del ladrillo.

Esa culpa exclusivamente nuestra. Elegimos libremente tener vivienda cara como ahorro, inversión y fuente de riqueza al tiempo que matábamos todos los sectores productivos que no estaban vinculados al ladrillo y destruíamos nuestro futuro, la cuestión es que el futuro ya está aquí y está para cobrarse las deudas que nosotros mismos generamos de forma alocada e irresponsable.

Esto debería provocar un estado de conciencia alterado y mucha mala conciencia y remordimientos. Como a España nos pesa la conciencia preferimos culpar a los demás de la toma de decisiones errónea que hemos hecho los últimos 30 años. Mientras no se reconozca que nos hemos equivocado no hay sanación posible de la economía y el país.

A los que tienen los millones a recaudo les viene muy bien que se culpe al Estado de no invertir, a la banca de no dar crédito y a los alemanes de no prestarnos aún más, pero el dinero sigue ahí en el bolsillo de los particulares que vendieron durante la época de la burbuja. La burbuja inmobiliaria es un negocio de suma cero. El dinero que sale de una parte (los hipotecado) va a otro (los vendedores de piso, suelo, promotores, etc.) y ese dinero sigue estando ahí. El problema es que no se sabe cómo hacerlo tributar, y como sacarlo para que fluya a la economía ordinaria y financie emprendimientos de verdad alejados del ladrillo. En parte esto explica la represión financiera que está llevando a cabo Europa para que todos los que tienen guardado el dinero que ha venido del ladrillo no les salga a cuento tenerle guardado. Ese dinero mayoritariamente no está ni en Suiza, ni en Luxemburgo, ni en Alemania a pesar de la salida masiva de capitales que está experimentando España. Por sus características y por la cantidad enorme de pases de vivienda de segunda mano que se ha dado entre propietarios durante los años de la burbuja ese dinero sigue aquí en manos de particulares.

¿Es culpa de los alemanes que el dinero haya ido al ladrillo y a operaciones de inversión de éxito dudoso? Para alguno puede que sí, pero la responsabilidad mayor del gasto de un préstamo lo tiene siempre que lo ha pedido, no el que lo ha dado.

¿Es culpa de los alemanes que cualquier local pequeño en cualquier ciudad del montón se coma el salario de 2 a 4 empleados? ¿Qué emprendimientos va a haber así? ¿ a quién se va a contratar así con una demanda deprimida?.

Sin I+D+I sobran investigadores, Ingenieros y titulados superiores. La culpa es del patrón de crecimiento que hemos tenido estos últimos 30 años. Para que sirva para algo un cambio en el modelo educativo hay que cambiar previamente el modelo económico. Si no cambiamos el modelo económico los cambios introducidos en el sistema educativo no servirán para nada.

PENSIONES

En España hay 9 millones de pensionistas, son un colectivo más numeroso que el de menores de 20 años. El número de pensionistas va a aumentar considerablemente los próximos años, el número de nacimientos va a disminuir a medida que disminuya el número de mujeres en edad fértil.

Los pensionistas actuales no son las personas que vivieron la guerra civil. Por edad los que vivieron la guerra y la postguerra ya han fallecido mayoritariamente, el jubilado español actual es sociológicamente distinto, no vivió la guerra y para muchos lo peor de la postguerra fue cuando eran demasiado pequeños. Económicamente no vivieron lo peor de la dictadura sino que se criaron con la autarquía y el desarrollismo.

Sabemos que la natalidad va a disminuir. En España no se tienen hijos por dos motivos:

1) Causas culturales.

2) Causas socio-económicas.

Los países más pobres del mundo son los que tienen la natalidad más alta sin embargo en España se señala implícitamente a la pobreza como causa para no tener hijos. Directamente nadie dice "soy demasiado pobre como para tener hijos" sino que se hace referencia al coste de tener hijos, algo claramente vinculado a lo caro que es acceder a una vivienda y a las condiciones de trabajo precarias de rotación que han tenido los jóvenes estos últimos años.

El modelo social español no está diseñado para tener hijos. Horarios imposibles, acceso a la vivienda carísimo, tardío y sin alternativas, mercado laboral muy malo, etc. Hacen que los que tienen más de un hijo sean valientes con mucho mérito.

Además está mal visto tener hijos. Uno o dos hijos tiene un pase que está socialmente aceptado, pero hay mucha censura contra los que tienen más hijos en amplios segmentos de la población que a día de hoy son mayoritarios. Esta quizás sea producido como reacción a la política de natalidad de la dictadura donde abundaron las familias numerosas. Esto refuerza lo que ya se ha visto en capítulos anteriores que el modelo social psicológico de guerra civil sigue hoy día vigente 75 años después del fin de la guerra y 40 años después del fin de la dictadura.

En España abunda la figura del DINKI *double income no kids* (sueldo doble sin hijos) que supuestamente supone un alto nivel de bienestar durante la edad productiva del individuo pero que supondrá una pérdida de dinero cuando se jubilen. Al no haber tenido hijos o haber tenido solo 1 las pensiones disminuirán y al no tener quien les cuide en su vejez producirá que parte de su renta se va a tener que destinar a cuidados que no van a ser posibles conseguir por uno mismo por cuestiones lógicas de edad. La soledad produce dependencia, la dependencia produce gasto.

Este sistema no es más que un sistema para esconder la pobreza. Influye mucho el low cost que permite a cualquier pareja que ni llegan a mileuristas tener un alto nivel de gasto en productos de ocio. Algo que se ha truncado en parte con el estallido de la burbuja inmobiliaria pues muchas parejas dinkis tienen a uno de sus miembros en desempleo si no son los dos.

> España ha desarrollado un sistema casi-único en el mundo de camuflar su pobreza en base a no tener hijos y disfrutar del dinero a corto plazo sacrificando el largo plazo.

Con las pensiones futuras hay que tener en cuenta tres cosas:

1) La natalidad va a bajar.

2) La gente va a emigrar

3) La sociedad va a ser mucho más vieja.

4) No hay nada que compense eso por mucho canto de sirena que se oiga.

Con una pensión media de 950'16€/mes en 2012 y de 975 €/mes en 2013.

España es país para viejos

Si hoy día España es uno de los países con una de las pirámides de población más envejecida del mundo lo que viene más adelante mucho peor. Sobre todo cuando la generación de los treintañeros nacidos en la década de los finales de los 70-80 se empiece a jubilar.

Que un país sea joven o sea viejo afecta a su modelo productivo a su sociología y a su psicología social.

¿Un país de pensionistas sin apenas jóvenes a qué modelo económico puede aspirar?

Al final el país se hace a medida de la mayoría, si la mayoría está muy envejecida los jóvenes sufren agobiados por el sistema que se establece que hace que se transfieran más rentas desde debajo de la pirámide de población hacia arriba.
Otro motivo más para que se vayan fuera. Hay que tener en cuenta eso.

Los pensionistas son la mayoría natural del país y la principal fuerza electora

Eso genera inmovilismo. Por definición la gente mayor es conservadora, no propensa a cambios y en muchos casos reaccionaria independientemente de su ideología.

Con el pinchazo derrumbe de la burbuja inmobiliaria se habla mucho de los ajustes estructurales que vienen. Sabiendo lo que ya hemos expuesto debemos tener claro que muchos piensan dentro y fuera que este sistema no se sostiene por lo que en el horizonte (cada vez más cercano) se habla de un PENSIONAZO. Es decir, una bajada nominal de las pensiones que están cobrando actualmente los pensionistas. Es un gasto creciente que supera los 115.000 millones de euros anuales en 2012.

Respecto a las pensiones futuras hay que tener en cuenta:

- En 2012 La pensión media fue igual al salario más frecuente (unos 950€ mes), pero el salario más frecuente es fuertemente descendente y la pensión media no para de subir. En 2013 la pensión media subió a 975€/mes.

- Se está jubilando gente que tiene pensiones más altas que trabajadores en activo en la misma actividad y puesto. Este fenómeno único es nuevo y evidencia un fortísimo desajuste.

- La propia estructura interna de las pensiones es desigual e injusta. Hay pensiones de 400-600 euros, la máxima es 2522 €/mes a finales de 2012

- Se ha bajado las pensiones a los más jóvenes que son los que están cotizando ahora, son los que están pagando las pensiones a sus mayores, son los que van a pagar la deuda de la burbuja y son los que han comprado vivienda más cara que nunca en la historia.

- Las pensiones las pagan los que están cotizando. Se induce torticeramente a error para que eso no quede claro.

- En un momento relativamente próximo de la historia habrá que pagar las pensiones a la masa de obra que entró de fuera de España y trabajó en los sectores derivados de la burbuja: ladrillo y sector servicios.

- **En términos estrictamente generacionales** los jubilados son la generación ganadora (generación T) que revendió sus pisos y se sacó un dineral en la burbuja por lo que hay una gran cantidad de capital fruto de lo inmobiliario repartido en esa generación. En términos generacionales los nacidos entre 1960 y 1980 son la generación perdedora (Generación P), no disponen de ese capital pero si "aspiran" a heredarlo cuando fallezcan sus padres.

- En los países intervenidos se han bajado las pensiones nominales.

- Hay compensaciones para los jubilados. Se hizo con la idea subyacente que muchos jubilados tenían bajos niveles de renta ya que tienen pensiones miserables y se les empezó a ayudar con subvenciones a trasporte, una sanidad semigratuita (el 80% del gasto sanitario en España lo hacen pensionistas), viajes subvencionados, servicios sociales... pero no se aplican en niveles de renta sino de edad por lo que se produce una injusta transferencia de rentas de cotizantes a pensionistas y entre propios pensionistas al no destinarse toda la renta a compensar a los que lo necesitan sino también a los que no necesitan esas ayudas porque tienen pensiones muy altas.

- **Los jóvenes pagan las pensiones y lo hacen muy gustosamente. Si fuese por ellos las pensiones en España serían más altas**

- No se reconoce socialmente el esfuerzo salarial que tienen los jóvenes hoy día y que tienen asociado a su sueldo:
    1) Coste burbujeado de vivienda. (sueldo 1)

2) Su jubilado. (sueldo 2).
3) Impuestos (sueldo 3)
4) Todo ello con un sueldo más frecuente de 950 €/mes (bruto) y descendiendo.

- Cuando hablamos de jóvenes hacemos referencia a los menores de 50 años, concretamente a la franja de edad entre 18 y 50 años.

La cuestión no es si va a haber un PENSIONAZO, la cuestión es cómo y cuando se hará.

El PENSIONAZO

Uno de los puntos clave de la burbuja ha sido la transferencia de rentas intergeneracional que ha habido, sin embargo la dificultad que hay para medir con exactitud esa transferencia está ahí. La sociedad española ha sido tradicionalmente una sociedad económicamente débil que ha vivido un espejismo desde mediados de los 80 hasta que estalló la crisis. Medir la trasferencia de rentas que ha habido hacia la generación que montó la transición va a ser difícil más teniendo en cuenta que es una generación donde hay una gran pobreza y se ha tenido que suplir carencias tales como el nivel de estudios, la productividad o la falta de tejido industrial con mucho trabajo intensivo. A efectos de futuro lo que interesa a España es responderse a sí misma todas las preguntas de cómo van a vivir la generaciones venideras, si consideramos que una renta de 500 euros al mes es muy baja es posible que haya un equivalente de 300 euros al mes en las próximas décadas por eso estas teorías que hay en la red sobre los pensionazos y las transferencias de rentas han de tomarse en cuenta solo como algo introductorio pues el tema ha de ser estudiado con mayor profundidad. La trasferencia de rentas se ha producido principalmente a través de los mecanismos de venta de vivienda a las generaciones más jóvenes y con ese circulante de dinero se han financiado servicios sociales que ya no se pueden pagar porque no hay sustituto económico. Investigar con claridad quienes han sido las familias beneficiarias de esta trasferencia de renta ha de ser una prioridad para todos los campos, no solo para el de los estudiosos sino para aquellos que saben que es necesario poner ese dinero que sigue ahí a funcionar para que la economía se recupere. La intención de esta obra es poner esto sobre el tapete para que sea desarrollado con toda la intensidad posible y llegue al debate público ya que el autor considera que la cantidad de rentas bajas que hay entre la gente mayor es muy alta y en muchos casos por debajo del nivel de subsistencia.

Las pensiones son claramente injustas. Y lo son por dos motivos.

Hay millones de españoles que cobran una pensión muy inferior a la que les corresponde. Son la gente que ha cotizado muchos años pero que en los últimos 15 no lo hicieron o cotizaron poco. Uno puede encontrarse que tras cotizar 30 años le queda una pensión de 600 euros. Esta injusticia, bien vista por muchos, tolerada por todos los estamentos sociales no tiene indicios de remitir. El problema está en que para calcular la pensión se tienen en cuenta los últimos 15 años como si el resto de la vida laboral fuese insignificante. No solo es injusto porque cobran mucho menos que otros pensionistas que han aportado menos al sistema sino porque hay otra injusticia y es la gente que ha podido montárselo de forma que ha subido las cotizaciones los últimos 15 años para que le quede una pensión inflada sobre la realidad que es la totalidad de la vida laboral cotizada.

Toda injusticia como esta podría ser solucionada y las pensiones recalculadas, pero no va a haber gobierno español que lo haga pues los jubilados forman parte de la mayoría natural que controla las políticas económicas del país (y por ende las sociológicas), son el grupo demográfico mayoritario, el más creciente de todos y más rico que los jóvenes.

Nos acercamos rápidamente a los 9 millones de jubilados. 1 de cada 5 habitantes de España. Son los que más votan y los menos propensos a cambios.

A día de hoy hay además otra injusticia clara. Los últimos jubilados cobran más que uno en activo, hay administrativos jubilado en los últimos años que cobra más que uno en activo, un mecánico jubilado cobra más que uno en activo de igual categoría... que sea menor de 40 años.

Esto es insostenible. Pero no va a ser cambiado desde dentro. Simplemente colapsará o nos obligará la UE de alguna forma a realizar cambios profundos. Herramientas no le faltan. España es el 8% del PIB europeo. Podemos concluir que España es el 8% de

Europa y el 70% de las normas que aprueban nuestros parlamentos de todo tipo son norma europeas o normas que son desarrollo de directrices europeas.

La gente no es consciente de esto, si es consciente en cierto grado, no con totalidad, de la injusticia de las pensiones, pero prefieren mirar a otro lado.

Además hay cierto chantaje emocional.

No estoy tratando de decir que no se tenga derecho a cobrar una pensión, muy al contrario, lo que estoy diciendo es que el derecho a cobrar una pensión ha de ser más justo entre los propios pensionistas y ha de ser conmutativamente justo con respecto a quienes las pagan, que son los jóvenes cotizantes.

La juventud española paga las pensiones de buena gana.

El esfuerzo que hace es muy grande aunque no es agradecido ni reconocido.

Nos estamos acercando rápidamente al cotizante por pensionista. Algo muy peligroso. Un trabajador debe pagarle un sueldo a un pensionista. No es el único sueldo. La burbuja inmobiliaria ha hecho que también haya que pagarle otro sueldo por medio de la hipoteca, o a nuestro casero en el caso del alquiler. Algo económicamente insostenible.

Habría 3 grupos de pensionistas claramente diferenciados.

1) Los pensionistas con una pensión bajísima. Entre los que están gente que no aportó al sistema en su momento porque tenían una economía de supervivencia. Y gente que por circunstancias no ha podido cotizar los últimos 15 años de su vida laboral o lo ha hecho muy poco.

Estas pensiones no llegan para vivir, al igual que muchos sueldos estas pensiones están por debajo del nivel de subsistencia. Por suerte los mayores suelen tener la vivienda pagada y multitud de ayudas y subvenciones (transporte, viajes, medicinas...) que disimulan la baja y en opinión de muchos, injusta renta que tienen.

2) El segmento medio de los pensionistas. Los que rondan el mileurismo. Una clase que en general vive bastante bien. Sin lujos, pero con pocos gastos 1000 euros + multitud de subvenciones. Este pensionista está por encima del estándar de vida del español medio. Además, al ser parte de la generación ganadora muchos encontraron fortuna en la venta de bienes inmobiliarios por lo que viven francamente bien si no tienen preocupaciones indirectas a través de sus hijos o problemas de salud.

3) El segmento alto de los pensionistas. Toda una élite privilegiada del país. Pensiones de hasta 2200 euros al mes, multitud de subvenciones, muchos complementan la pensión pública con la privada y son los que han gozado de fuertes indemnizaciones al jubilarse en las empresas en las que han prestado servicio durante largo tiempo. Ni sus hijos ni sus nietos tendrán jamás esas indemnizaciones ni esas pensiones públicas, pero con su patrimonio piensan de forma implícita: "detrás de mí el diluvio", lo que le van a pasar a sus descendientes en forma de herencia creen que compensa la situación del país. Aunque este quede arrasado y la fortuna se haya hecho en base a quitarle la renta al hijo del vecino por medio de una burbuja inmobiliaria colosal.

A los pensionistas no les llega a preocupar la deuda realmente en parte porque no son conscientes de que la deuda tiene un volumen que va más allá de sus vidas y porque no la van a pagar por cuestiones biológicas. Cuando se lo plantean creen, erróneamente, que solo va a afectar a un tramo de la edad de sus hijos y que va a ser compensado con el patrimonio que les quedará en herencia cuando ellos no estén. No calibran cuanto se va a prolongar en el tiempo el pago de la deuda. Creen que lo que dejan a sus hijos va a compensar y merecer la pena el esfuerzo. Generalmente el principal tipo de ahorro (el ahorro de los pobres) es el inmobiliario. Con las casas que dejen en herencia creen que compensa patrimonialmente el futuro oscuro de deuda que tenemos.

En lo relativo a la vivienda hay dos frames instalados en esa franja de edad con respecto a los hijos del vecino que son claramente perdedores de la burbuja inmobiliaria: "haberse metido a tiempo" y/o "no haberse metido".

LA ORGÍA BURSÁTIL.

Una de las cosas que más llaman la atención es la poderosa idea que se proyecta cara al futuro de orgía bursátil a costa de las pensiones. El término encontrado inicialmente por el gurú PPCC ha sido defendido y desarrollado tímidamente por otros por lo que es un tema al que será muy interesante prestarle mucha atención.

(31/12/2012 12:23) EL DINERO PÚBLICO A LA BANCA LLEGARÁ A SU COTIZACIÓN BURSÁTIL.-

Las cuentas públicas necesitan como agua de mayo de la holgura que aportará el Pensionazo.

El Pensionazo no es retocar el Presupuesto de la Seguridad Social. Es liberar a los Presupuestos Generales de buena parte de la carga presente y futura de tener que pagar las pensiones de lujo generadas durante la orgía.

Para ello, previamente, hay que calentar la Bolsa, porque la jugada consiste en que los cotizantes idiotas, que se creen lo del Reparto Insostenible vs. Maravillosa Capitalización, se salgan "voluntariamente" del Gasto Público y se acojan a sistemas de gestión privada.

Cuando la recuperación bursátil comience, los desfalcadores de la burbuja-pirámide generacional inmobiliaria transformarán sus depósitos y activos híbridos en acciones. Duplicarán o triplicarán su fortuna.

> Primero se quedaron directamente con el dinero de las entidades de crédito, desfalcadas con préstamos irrecuperables. Y, ahora, se quedarán, indirectamente, con el dinero público que está acudiendo al rescate de aquéllas, porque significa un aumento de su Neto Patrimonial que, tarde o temprano, se reflejará en sus cotizaciones.

5. El Nuevo Modelo Económico

La "Blue Banana"

Hemos visto que cuando uno está en situación de deuda, monetariamente, se le presentan dos opciones: devaluar internamente o inflacionar.

Si inflacionamos se dan una serie de consecuencias: se produce un empobrecimiento masivo, suben los precios mucho más que los salarios y con esa subida presuntamente se acaba pagando la deuda. Al inflacionar dejas de ser competitivo ya que tus precios son superiores al extranjero, apenas puedes comprar productos de fuera (reduces importaciones), tu moneda pierde valor y tus ahorros se evaporan. Los inflacionarios son los enemigos de los ahorradores.

España es crónicamente desde que es miembro de la UE más inflacionario que sus socios. Se ve claramente cómo somos un país sin ahorro (mucho crédito) y poco competitivo, no exportamos tanto como deberíamos para compensar lo que compramos fuera. Ese es el factor, los precios altos, que hacen que el tener salarios miserables no nos sirva para mejorar el aparato productivo. La burbuja inmobiliaria y su alza explosiva de precios ha sido el mayor factor distorsionador de los precios en España. No solo por la propia subida de precios inmobiliarios, sino por la enorme cantidad de dinero que se movía en consumo con el dinero de las hipotecas que generaban inflación y porque los salarios están ligados al precio de la vivienda y generan rigideces. Si la vivienda es cara se demandan salarios más altos. La patronal española no ha abierto la boca sobre este asunto. La verdad, que al ser una organización sin la más mínima autocrítica hasta ahora tampoco podemos esperarlos en un futuro próximo. Otra cosa será lo que dicten las multinacionales y los cuarteles generales del capitalismo internacional. Aunque para ellos hay opciones mejores: marcharse fuera. La miopía de los españoles en este caso es total. Cuanto más cara es la vivienda más pobres somos los ciudadanos y no al revés como se ha creído hasta ahora.

La otra opción es una devaluación interna. Una devaluación interna es básicamente una bajada de **precios y salarios** de tal forma que te vuelves más competitivo y generas empleo. Es la situación que se da cuando tú no controlas la emisión de moneda y no puedes inflacionar. Es decir: La situación nuestra donde es el Banco Central Europeo (BCE) el que emite moneda.

España está pues en plena devaluación interna. No es algo que podamos elegir ni negociar porque no controlamos la impresión de moneda sino que es el Banco Central Europeo quien lo hace. Aunque las voces disidentes (el "partido de la peseta", es decir los antieuro o los antiausteridad) defienden lo contrario. Otra cuestión muy diferente es la política de recortes desnortada que estamos teniendo en España. ¿se está recortando en lo superfluo? ¿Se han establecido unas prioridades sobre las que ir recortando?. El gobierno lo tiene claro, con tal de no bajar precios se recorta donde haga falta empezando por educación y sanidad.

La devaluación en España está siendo caótica y solo se está haciendo en los salarios. Este desorden nos hace que suframos lo peor de la devaluación pero no gocemos de ninguna de sus ventajas. Los precios deben bajar acorde a la bajada salarial. Es más, según entiendo el proceso debe ser primero bajada de precios y luego de salarios. Es más lógico y eficiente bajarle el salario a alguien que ve que los precios están bajando y por lo tanto no le perjudica nada que hacer lo que estamos haciendo en España que es bajar los salarios mientras los precios siguen subiendo.

Sin embargo el factor precios no es homogéneo en España. Como sufrimos una vergonzante burbuja inmobiliaria desde mediados de los 80 con dos alzas explosivas, lo que más distorsionado hay es el precio de lo inmobiliario. Empezando por la vivienda y los locales que deben bajar muy notablemente. La base del abaratamiento de precios debe ser inmobiliaria ya que es lo que más se traga la renta disponible y hace imposible los emprendimientos, frena radicalmente la actividad comercial-industrial.

El proceso no se está haciendo porque el Gobierno y una parte mayoritaria de la sociedad desean congelar la situación hasta que una suerte de milagro que no vendrá nunca tire de la economía como antes y así poder resucitar el modelo de construcción. Lo que hay que hacer es la devaluación interna ordenada y transicionar hacia un nuevo modelo económico que luego transformará la sociedad. Ese modelo económico no es más que el de una economía orientada a la producción de bienes de equipo y la exportación.

El problema de cambiar de modelo económico

No transicionamos hacia un modelo económico nuevo por dos motivos:

1- No hay norte, dirección ni modelo a seguir. Lo que se está haciendo es intentar congelar la situación para que los bienes inmobiliarios no pierdan su valor o lo pierdan lo menos posible y esperar que un milagro internacional nos saque de ésta. Tenemos a la zorra cuidando el gallinero. Nuestro presidente del gobierno (registrador de la propiedad, casado con la hija de un constructor) es solo el uno más de entre todos los que nos gobiernan que han puesto su dinero en bienes inmobiliarios. El sr presidente tiene 5 viviendas. Si vemos uno a uno a los parlamentarios vemos que independientemente del partido al que pertenezca, su patrimonio está en ladrillo. Muchos de ellos endeudadísimos e hipotecadísimos. No hay apenas parlamentarios que tengan verdaderamente otro tipo de bienes. Casi ninguno tiene o ha creado una PYME y muy pocos tienen si quiera su dinero en Bolsa. Encima los que tienen empresas o bien son cutres (en el momento de escribir estas líneas la PYME familiar de una de nuestras ministras no paga a sus empleados) o bien son chanchullos que orbitan alrededor del dinero público. Esa gente no va a transicionar a ningún patrón de crecimiento nuevo, ni saben hacerlo ni mucho menos quieren establecer un patrón nuevo. Y ojo que todo el gobierno es así, y cuando hablamos de gobierno nos referimos al resto de cargos del Estado (empezando por las CCAA) y los altos funcionarios del Estado que también son así independientemente de las siglas que gobiernen. La presunta oposición es igual, porque no es oposición sino gobierno en el caso de PSOE e IU y además son antisistema terruñísticos como CIU, PNV, CC y sus satélites ERC y Bildu. No es pues una cuestión de siglas. Es todo el modelo el que está infectado por la burbuja. Recordemos que administraciones locales y comunidades autónomas también son Estado y que los presidentes de las comunidades autónomas son altos representantes del Estado.

2- Cambiar de modelo económico es enormemente caro. Hablamos de miles de millones de euros durante años dedicados a re-industrializarnos y competir con un mundo que es muy competitivo. Con respecto al alto valor añadido nos toca competir con países como Alemania, EEUU, Suecia, Japón y con respecto al bajo valor añadido nos toca competir con China y los emergentes. ¿podemos competir con China bajando los salarios? Obviamente esta es la gran pregunta. Claramente NO. Nos hace falta más cosas. Muchos optan por la rendición preventiva pero lo cierto es que sí somos capaces de competir de otra forma, no solo bajando salarios, sino bajando precios, empezando por los de raíz inmobiliaria y generando bienes y servicios de mayor valor añadido.

El suelo comercial-industrial acabará siendo muy barato o casi gratuito. No nos va a quedar otra si queremos competir con gente que cobra 150 euros al mes. En el caso de otros emergentes el salario más frecuente en España está ya más cerca de ellos que de los países más desarrollados. Tengo la sospecha que de 2013 en adelante la renta salarial media de un español está más cerca del de Argentina, Rusia o Sudáfrica que del de UK. Falta corroborarlo, ustedes mismos lo verán.

Apreciaran ustedes cierta resistencia en España a cambiar de modelo. Evidentemente la gente que no quiere cambiar el modelo es porque ha puesto todos los huevos en la misma cesta del viejo modelo español (Ladrillo, Consumo interno derivado del ladrillo, o sea "el crédito", Turismo, Subvención Europea y rentas más o menos seguras como los pensionistas, los funcionarios y los arrendadores de vivienda y locales.).

Escucharán un argumento peregrino que se enuncia así: "para que uno sea exportador otro ha de ser importador" y se da a entender que España (que es un importador neto) no puede cambiar esta situación.

Un pensamiento débil. Cierto es que nosotros tenemos un problema enorme que es la dependencia energética y el petróleo, que es lo que nos hace ser deficitarios, pero debemos compensarlo exportando más y se puede compensarlo vendiendo fuera más y mejores productos y servicios.

Hay dos posibilidades:

1-) Fabricar lo mismo, con igual calidad y mejor precio.

2-) Vender a mejor precio un producto pero con mayor calidad o "extras" si me lo permiten

Y venderlo fuera porque el mercado interno va a estar muerto durante mucho tiempo.

No hay más norte que ese.

El problema es que estamos muy endeudados. La suma de nuestras deudas (pública y privada) es 4 veces lo que producimos al año. Hemos sido mucho tiempo el segundo país el mundo más endeudado ahora nos han superado otros porque se han endeudado aún más no porque se haya reducido la deuda total española. No solo hay que tener en cuenta eso, sino que hay que darse cuenta que también dependemos de la capacidad de pagar esas deudas.

Los españoles no entienden que no solo hay que tener en cuenta la deuda sino la capacidad que tiene un país para devolverla. Las estructuras económicas de los países no son igual de productivas y de ese factor depende también la confianza o la desconfianza de inversores y acreedores.

Mucha gente se alarma porque dicen que España con menos deuda es peor tratada que UK que tiene mucha más. Cuando se hacen estas comparaciones suele hablarse de países anglosajones como ejemplo del "maltrato" a España y se suele hacer solo considerando el factor que nos interesa que es la deuda pública olvidando intencionadamente el gran problema que es el de deuda privada. Tomemos otro ejemplo más neutral para la cultura española: Japón. La deuda pública de Japón es muy superior al doble de la española y también tienen una deuda privada alta que viene de su burbuja inmobiliaria de los 90. Sin embargo nos exigen más a nosotros que a ellos. Eso se refleja en los tipos de interés que nos piden por la deuda. La conocida Prima de Riesgo.

¿Creen los prestamistas que es más fácil que Japón pague el doble que España?

Contestemos a la gallega con otra pregunta supuesto.

Si a usted le toca prestar dinero a dos personas y la primera es un camarero que gana 1100 euros al mes, que trabaja 8 de los doce meses al año (con dudas) y le pide un crédito de 8.800 euros y por otro lado le llega un ingeniero que fabrica todo tipo de bienes tecnológicos, gana 3300 euros al mes y le pide un crédito de 25.000 euros ¿de quién se fiarían menos? ¿a quién le pedirían más intereses para ganar confianza?. Han acertado, ustedes y el 99 de la gente se fiarían menos del camarero por mucho que haya pedido menos. Saltando mucho las diferencias este es el caso de los países en el contexto internacional, España sería el camarero, Japón asumiría el rol de ingeniero.

Así pues para cambiar de modelo necesitamos mucho dinero. Pero el dinero no lo tenemos porque estamos endeudadísimo y no se fían de que vayamos siquiera a devolver lo que pedimos prestado como para prestarnos más.

Nos exigen cambios y que nos desendeudemos. Entonces podremos ir cambiando hacia un nuevo modelo. Eso es la devaluación interna que de momento no estamos haciendo en nuestro país ya que estamos neutralizando la bajada de salarios con una inflación mucho más alta que la de nuestro entorno europeo.

En ese importante sentido empezamos 2013 muy mal.

Por cosas como esta sabemos que la crisis va para largo.

Nuestro principal mercado es Europa. Así es ahora y así va a ser las próximas generaciones. España no es un país del núcleo duro europeo, no forma parte de ningún eje importante europeo, somos un país excéntrico y mal comunicado con el núcleo económico europeo. ¿Cuál es ese núcleo? La denominada "Blue Banana"

Muchos españoles no saben que es la Blue banana.

El término es bastante cómico para muchos en un país donde sigue siendo gracioso el pronunciar mal en otro idioma o hacer chistecitos con un mal nivel de inglés.

Estamos integrados en Europa y lo que toca es la blue banana

Si ven una foto de Europa en sus primeros momentos de 2013 verán que hay un eje más iluminado que va ininterrumpidamente desde el sudeste británico (Londres) hasta el norte de Italia. Es donde se concentra la mayor concentración de población y riqueza de Europa, es la "blue banana" un eje con uno de los desarrollos industriales más grandes del mundo. En ese lugar se produce el 60% del PIB europeo y vive la mitad de la población de la Unión Europea. A medida que uno se aleja del eje la densidad de población desciende de forma irregular al igual que lo hace el nivel de renta.

En lo relativo a ese eje fíjense bien en la triste posición en la que queda España. Nuestro país está en una esquina, alejada del núcleo y con unas comunicaciones, en lo relativo a la salida de mercancía, bastante mala por poco competitiva. La facilidad que hay para que en la blue banana las empresas se compren y se vendan productos entre si no lo tenemos en la alejada periferia europea ni en el Este de Europa.

En ese eje se concentran las empresas de valor añadido alto que viven de intercambiarse productos y servicios y venderlos luego a toda Europa y al resto del mundo, en ese sitio no estamos pero debemos estar en un futuro si queremos salir de la crisis inmobiliaria que estamos padeciendo.

Nuestro futuro pasa por integrarnos ahí sin renunciar a ninguna otra área del mundo. A las que muchos economistas y técnicos les auguran fuertes turbulencias a medio plazo, empezando por América Latina y siguiendo por Asia.

En el caso europeo se habla mucho del núcleo y la periferia. EL núcleo económico es indiscutiblemente la blue banana. A nivel histórico tiene sus características propias y bien definidas. Desde el fin de la Segunda Guerra Mundial Alemania ha tenido que coaligarse con Francia creando lo que es el famoso eje Franco-Alemán. Alemania tras la guerra quedó castrada políticamente y perdió la legitimidad para llevar la iniciativa política. Fue Francia la que desempeñó ese papel, en gran parte también por el peso muy fuerte de sus intelectuales si somos justos en reconocerlo no solo por su victoria en la guerra o por la propia incapacidad alemana para hacer ese esfuerzo intelectual cara al mundo tras el horror del nazismo. Paralelamente empezó el "milagro alemán" (con dinero norteamericano y mucha ayuda para frenar al comunismo) y Europa se convirtió en un continente movido políticamente por Francia pero pagado con dinero alemán.

La Blue Banana pasa desde Inglaterra completamente por el eje Franco Alemán. Junto a la rica e industrial cuenca del Ruhr y el poderoso París (30% del PIB de toda Francia), pasando por Suiza (territorio no UE pero totalmente integrado en su economía) llegando al rico (y con problemas separatistas) norte italiano.

Sin embargo no toda la periferia es igual. Es evidente que España y Suecia (ambos periferia) no son iguales. Suecia, sin ser un país del euro es un país con una economía muy abierta y muy dependiente de Europa. Al que muchos consideran un país en cierto modo satélite del núcleo germánico con una integración económica en la blue banana años luz de la española.

Destaca que los países nórdicos (ricos pero poco poblados) sean periferia y en el caso español vascos y catalanes son también considerados periferia. Aunque ellos no se auto perciben así pero ciertamente tienen una comunicación envidiable con Europa que el resto del país no tiene y gozan de frontera con Francia por donde pueden pasar fácilmente sus mercancías afuera lo que les permite generar un nivel de riqueza muy grande que les hace destacar por encima del resto de la península.

Al final del proceso que viene quedaremos orientados en la blue banana de alguna forma. El ritmo de pinchazo normal de una burbuja es de unos 10 años desde su punto de regreso (en España fue en 2006) sin embargo las cosas van mal, están yendo demasiado lentas y no se está haciendo nada por transicionar a otro modelo económico, muy al contrario todas las medidas del gobierno, de la oposición y de la gente en la calle son totalmente reaccionarias en este sentido, desde los pequeños propietarios afectados por la hipoteca al ministro de Hacienda si fuese por ellos volvíamos a la situación idílica de 2005 por citar un año de gloria de la burbuja

. Ni este gobierno electo ni el siguiente va a hacer nada porque tristemente en España no hay caudal político para actualizarnos como debiéramos y cambiar nuestro modelo productivo ya que todo ello pasa por cambiar nuestro modelo de Estado y sistema de pensiones y eso ahora mismo la mayoría natural del país no lo quiere hacer.

Como pronto no habrá cambio hasta después de 2025-2030.

Productividad

El gran debate pendiente es el de la productividad. En España se habla mucho de productividad pero se hace siempre de forma superficial y errónea con el objetivo de mantener el modelo productivo actual y abaratar los costes salariales. La mejora de la productividad no es eso pero hay resistencia a admitirlo. La productividad y sus mejoras vienen de la tecnificación, la formación y la producción de bienes y servicios con mayor valor agregado. España no es un país cuyo modelo esté orientado a producir cada vez mejores bienes y servicios y eso se nota porque los países con mayor productividad son los que tienen salarios más altos y el nuestro es incapaz de competir con salarios bajos. Eso es debido a nuestra baja productividad por culpa de lo que producimos.

Solo hay que ver el nombre del ministerio de economía español. Ni siquiera tiene un nombre con un título académico sino con otro como es el término "competitividad". Ministerio de Economía y Competitividad. Implícitamente es el "ministerio de hacer lo mismo de siempre con salarios más bajos". Así no hay futuro posible, solo hay que ver como no está sirviendo para nada y el modelo se hunde cada vez más generando más desempleo y produciendo una merma en los salarios que no se traducen en más empleo por otros factores.

En 2008, el año de inicio de la crisis no reconocida hasta 2009[53] el salario medio español era la mitad que el de UK, Holanda, Alemania y en países como Bélgica, Austria, Suecia, Finlandia o Francia se

---

[53] Realmente había empezado a finales de 2006

ganaba entre un 50% y un 90% más de media que en España. Esos países suman más de 250 millones de habitantes. Si el salario fuese el problema de "competitividad" español estaríamos mejor que ellos, pero no es así porque los salarios españoles no son lo que nos hacen menos competitivos es nuestro modelo económico atrasado y ligado a la burbuja inmobiliaria, las redes clientelares de las que viven muchas empresas, la evasión fiscal de las mismas y el bajo valor añadido de los bienes y servicios que producimos.

> Los costes salariales no son un problema real en nuestro entorno europeo.

Sin embargo muchas veces se lee y escucha que nuestros salarios han crecido más que los alemanes y que eso es lo que nos hace perder competitividad con respecto a ellos.

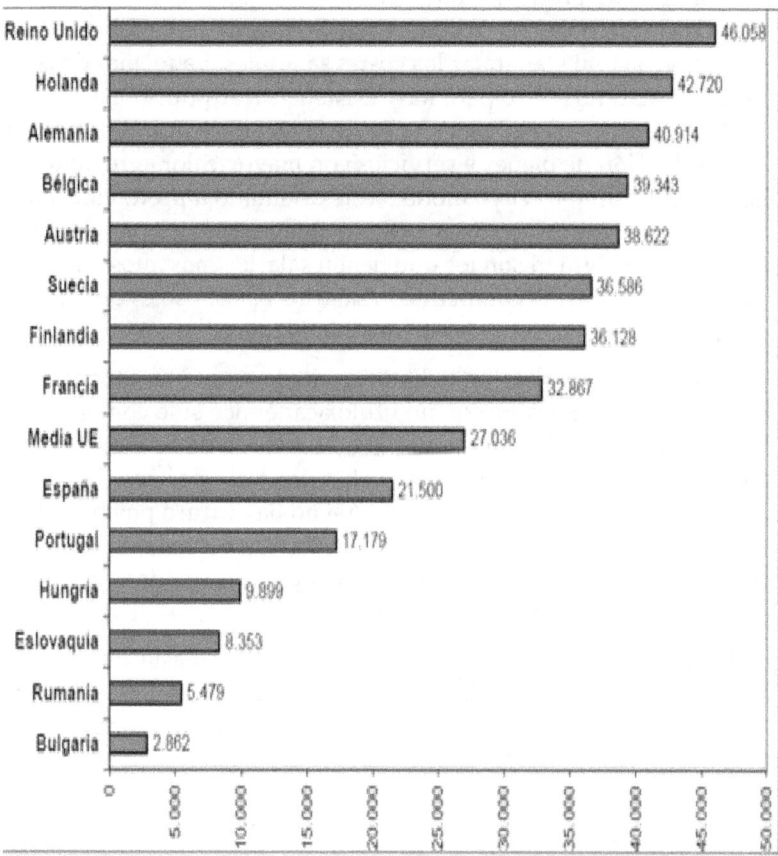

Vamos a ver. Para que un salario en un sitio tenga relación con otro debe haber una relación productiva y de productos. Si en España se producen tomates y en Alemania BMW el coste salarial español con respecto a Alemania da exactamente igual, la relevancia está en comparar con quien produce tomates. Es decir, el salario español influirá en la competividad si nos comparamos con países como marruecos. Por lo tanto un análisis salarial con respecto a dos productores bien distintos está hecho para inducir a error y para ocultar lo que realmente lastra la competitividad de los productos españoles: poco valor añadido, excesivos costes de transporte, excesivo coste energético, redes comerciales clientelares e impuestos altos y sobretodo sobrecosto inmobiliario y rigidez salarial vía precio de la vivienda que tienen que satisfacer los trabajadores de todos los sectores.

El debate sobre la productividad debe centrarse en:

-Pinchar la burbuja inmobiliaria.

-Empezar a producir y fabricar bienes y servicios con más valor añadido.

-Bajar el coste de la energía.

-Romper las redes clientelares

-Bajar los impuestos, las tasas y tener una regulación más sencilla que no menos regulación.

Quizás esté pensando en las "fábricas" de automóviles españolas, pues bien comparadas con las fábricas alemanas la hora pagada es muy inferior. Aquí se fabrican seats, corsas, fiestas y en Alemania, entre otros, BMW, Mercedes y Porsche. A mayor valor añadido más salario. Por lo tanto es lógico que en Alemania se gane más y en España se gane menos. Hay que añadir también que lo que hay en España no son realmente fábricas, sino plantas de ensamblaje, el fabricado y el diseño da mucho más dinero que el ensamblado de piezas y el diseño da mucho más dinero que lo que hacen los ingenieros españoles, que acaban generalmente en consultoras haciendo trabajos para los que realmente no hace falta un título de ingeniero. Por eso cobran menos los ingenieros españoles que los Alemanes, Suecos, o Japoneses por citar una serie de países que generan bienes de alto valor añadido.

A menudo se confunde productividad con echar muchas horas en el trabajo. El modelo productivo español no es productivo, es intensivo. Funciona trabajando muchas horas como en el sector servicios (hostelería y comercio) donde "hay que estar" porque se gana dinero trabajando muchas horas. Pero hay multitud de vicios añadidos y heredados de antes. El modo de trabajar español es anticuado y está muy desacoplado al formato anglosajón y europeo. En España está bien visto estar muchas horas en la oficina, el que está muchas horas es que "trabaja mucho", el que se va pronto "es un vago". En Europa no es así, el que a las 5 en su oficina no ha hecho su trabajo es que "no trabaja bien", es "poco productivo" o "tiene un problema". El caso que nos contaba un español emigrado a Alemania y que para hacer méritos se quedaba en la oficina más horas hasta que su jefe le llamó y le preguntó si tenía algún problema ya que no estaba terminando su trabajo a su hora. Se ofrecieron incluso a ponerle una persona para ayudarle. Este español entendió bien pronto por qué allí se trabaja mejor que aquí. A las 5 tu trabajo tiene que estar terminado y te vas. Así puedes tener vida más allá del trabajo. En España abundan las oficinas en las que los empleados se van a las 7 las 8 o incluso las 9 de la noche habiendo entrado a la misma hora que un trabajador alemán. Esas personas que sobre el papel "se matan a trabajar", lo que no saben es que están trabajando mal, que son poco productivos porque tienen que echar muchas más horas para conseguir el mismo resultado que un centroeuropeo y que sus jefes son unos incompetentes con personalidad e ideas ineficientes y anticuadas que están llevando la empresa a la ruina por no querer aumentar la productividad. Esto trae consigo que los empleados tengan que "estar por estar" y que "mariposeen" por la oficina, trabajando lento y haciendo cosas nada relacionadas con el trabajo porque saben que les da igual hacer bien su trabajo y terminarlo pronto. Lo importante es acabar tarde que si no vas a ser un vago y te juegas el puesto. ¿Es culpa de los alemanes la ineficiencia por los horarios españoles y por su método de trabajar? ¿Es culpa de los alemanes jornadas de comida larguísimas de hasta dos horas que se podían reducir a los 40 minutos para aumentar la productividad española?

Los españoles están tan alienados que no consideran lo productiva que es la actividad de una persona y que la productividad aumenta mucho cuando se hace el mismo trabajo en menos horas. Además se reduce gastos en energía, por ejemplo. En los países desarrollados esto no es así. Este factor cultural español heredado por una generación de gente mayor con preparación académica baja y marcados por una guerra civil inconclusa, ha repetido los mismos esquemas durante décadas. Con cierta eficiencia para ellos pero que ha marcado a las generaciones siguientes en cuanto han entrado en un mundo global, con una burbuja inmobiliaria brutal y con una dualidad en el empleo donde los mayores tienen los derechos que los jóvenes no tienen. La caída ha sido estrepitosa: 26% de paro (que llegará al 30%) y paro juvenil del 55% (que llegará al 65%). Se recoge lo sembrado.

En España además los Recursos Humanos funcionan francamente mal. Con tasas de paro por encima del 15% uno ha podido escuchar que no se encuentran trabajadores para un puesto no precisamente cualificado. A parte de buscar mal a los trabajadores para ocupar los puestos que generalmente no necesitan demasiada cualificación, los salarios que se ofrecen están en muchos casos por debajo del punto de equilibrio y a mucha gente no le merezca trabajar en esas condiciones. Luego están los requisitos que le piden a uno para un puesto. No es normal pedir un inglés bilingüe, diplomatura o licenciatura, mecanografía, dominio elevado de Excel y más 3 años de experiencia para un grabador de datos. O bien pides un trabajador sobrecualificadísimo para el puesto (un buen bilingüe seguramente ya haya cogido las maletas y se haya ido fuera después de que le echen con este sistema productivo demencial y esta burbuja inmobiliaria anti-jóvenes) o bien están buscando a otra persona para otro puesto oculto pero al que le quieren pagar menos por lo que puede que no encuentren personas cuando se sepa la verdad.

Esta deficiente forma de trabajo con cierto aire amateur en ciertos casos roza una conducta delictiva donde las administraciones no llegan y no se producen los contrapesos necesarios por medio de los poderes políticos y sociales del país. El resultado es que finalmente se ha hecho mucho daño al sistema productivo español. Las organizaciones de empresarios ya sabemos que no han hecho autocrítica en los medios de comunicación, no han querido o no han podido hablar de esto y los sindicatos están pendientes de otros conceptos (las ideítas) que también les han distraído de estos asuntos tan importantes y han permanecido callados.

Evidentemente no todos los empresarios son así pero muchas veces parece que la línea predominante en toda España es ésta. Muchos comercios y muchas PYMES no trabajan así pero el ambiente que se respira en el aire está enrarecido en no pocas ocasiones y queda la imagen de que al final no se hace nada. Es muy difícil competir contra rivales a los que les dejan saltarse las normas a cuando quieren o con normas de producción distintas como es el caso de países extranjeros donde destaca para mal China por encima de todos los demásEl panorama es sombrío. Ante esto el español con cierta cualificación opta por irse fuera de España y le sustituye el trabajador no cualificado dispuesto a tragar con lo que sea y a hacer los trabajos "que los españoles no quieren hacer". Obviamente eso repercute en la calidad del trabajo y su resultado final. Competir así con otros nos resulta muy difícil a pesar de tener salarios bajos.

Suiza es una democracia de verdad, con separación de poderes y con intervención ciudadana que es consciente, madura y responsable. Allí han votado en referéndum limitar los salarios de los directivos. La Unión Europea estudió hacer lo mismo en Europa. Los salarios de los directivos se han tornado Abusivos y son un lastre para las empresas y sobre todo para el resto de trabajadores. Los salarios abusivos de los directivos se hacen a costa del resto de trabajadores. La golosina de tener algún día ese salario ha sido uno de los atenuantes del malestar social que hay y de los bajos salarios de la gente. Limitar esos salarios mejorará la productividad, por eso en esa línea la Unión Europea ha acordado limitar los salarios de los directivos y darles más poder a los accionistas.

En conclusión, cobramos poco porque lo que producimos no da para pagarnos más. Si queremos mejores salarios hay que cambiar el modelo productivo y empezar a fabricar productos y servicios de mayor calidad y valor añadido, en su mayoría orientadas a la blue banana europea en primera instancia. Miren como le contestó Ángela Merkel al presidente del gobierno español cuando éste le pidió que Alemania consumiese más para ayudar a los españoles (en realidad lo que quería es que el Banco Central Europeo le diese a la impresora para monetizar deuda), la canciller le contestó que España "podría exportar más a América latina", le faltó añadir "a Europa ni me la toques" porque sabe que ahí está la principal fuente de ingresos y que por salarios España ahí si que es muy competitiva a poco que se ponga a fabricar productos que producen los alemanes.

Vamos inevitablemente hacia un modelo basado en la producción de bienes de equipo y la exportación que acabe con el desempleo y que permita aumentar salarios porque si no somos productivos nos toca competir con los países que producen bienes y servicios de bajo valor añadido con salarios irrisorios como China, India, Vietnam, Bangladesh y los del tercer mundo y ahí no podemos hacer nada porque hay salarios que van de los 30 a los 200 euros al mes y por mucho que se empeñen en bajarnos los sueldos contra eso no podemos competir.

Encontramos en prensa muchos recortes y artículos sobre la productividad española, en general se limitan a pedir una bajada de salarios para ser más productivos. Esa productividad es la llamada productividad, pero de vez en cuando se encuentran análisis más certeros que van al núcleo del problema.

Hemos encontrado estudios que dicen que si España tuviese la misma estructura empresarial según tamaño que Alemania la productividad aumentaría un 30% sin hacer nada más. Aunque los datos son discutibles es cierto que las microempresas y el pequeño tamaño de las PYMES españolas tienen más limitaciones que virtudes. Sin una masa crítica mínima no es posible que haya i+d+i y la capitalización de las empresas suele ser muy baja. En 2007 había en España unas 3.300 empresas con más de 250 trabajadores, en Alemania el número triplicaba al caso Español, seguro que hoy día la diferencia ha aumentado en lugar de disminuir. Tener cierto tamaño ofrece ciertos beneficios de escala, ventajas a la hora de negociar con proveedores, etc.

Según el INE la productividad de las empresas depende en gran medida de su tamaño. En la estadística está reflejada que a mayor tamaño de la empresa la productividad del trabajador va aumentando. Así la productividad en las empresas con más de 1000 trabajadores es cuatro veces superior que en las que tienen menos de 10 empleados. La acumulación de capital ayuda a la empresa y a sus empleados a producir más.

Gráfico 6.3. Productividad por ocupado y tamaño de la empresa. 2007
(Miles de euros)

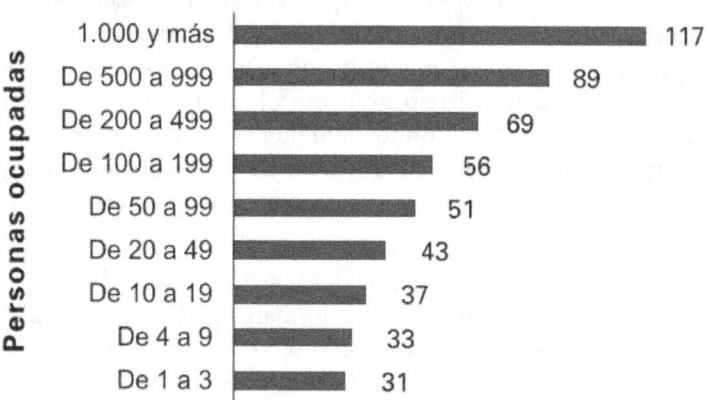

Las empresas con más de 250 trabajadores invierten el doble en I+D que las que son de menor tamaño. ¿Es culpa de los alemanes que las empresas españolas sean así y no inviertan en I+D porque se hayan gastado gran parte del dinero en ladrillo y operaciones logísticas más que dudosas?

El problema es estructural y por culpa del ladrillo. Entre las 1000 empresas europeas más innovadoras solo había 25 españolas en 2012. Entre las 1000 mundiales solo había 6. No será por dinero. El dinero ha entrado a mansalva en España, lo que pasa es que ha ido fundamentalmente a "jugar a las casitas" y a "invertir" en ladrillo. El resultado: 400.000 + 200.000[54] millones de euros invertidos en crédito

---

[54] A cierre de año 2011 y con Moody`s denunciando que hay 200.000 millones de crédito promotor sin reconocer por el Banco de España.

promotor que no ha ido a crear un tejido productivo como dios manda. El Presupuesto de la NASA es de unos 13.000 millones de euros anuales. Con la mitad del crédito promotor nos había dado dinero suficiente para pagar el presupuesto de la NASA los últimos 20 años y nos habría sobrado dinero por efecto de la inflación acumulada (un 78,7% entre 1993 y 2013 según el INE). Por lo que además podríamos haber construido el CERN, pagado los salarios de sus científicos altamente cualificados y nos habría sobrado para no menos de media docena de Hospitales y su respectivo personal.

Esto no es culpa de los alemanes, esto es culpa de hacer rotondas a un millón de euros, comprar pisitos en barrios obreros a medio millón de dólares, pagar hipotecas estratosféricas, hacer de algo básico y necesario como la vivienda un negocio usurero, de hacer líneas de alta velocidad deficitarias y aeropuertos vacíos.

Los salarios en muchos sectores han caído incluso en la época de bonanza. Fuera del ladrillo (con sueldos altos y mucho dinero negro) la vida no ha ido tan bien. Se ha camuflado todo por medio del crédito y la deuda: las vacaciones financiadas, el dentista financiado, la comunión del niño financiada, los electrodomésticos a plazos, la ropa con tarjeta y así con todo. Los salarios se han mostrado rígidos porque la vivienda es la que tiraba de ellos hacia arriba. Un salario ha de garantizar el acceso a la vivienda en España y lo ha de hacer por muchos motivos, primero porque somos un país con poca densidad de población, porque media España es un secarral, porque los trabajadores de la construcción no son cualificados y en muchos casos han cogido al primero que pasaba por allí (con perdón), porque los materiales que se han usado para la construcción han sido de muy baja calidad como verá en los próximos 10-15 años cuando las primeras viviendas del inicio de la segunda alza explosiva (año 2000 aproximadamente) empiecen a ser viejas. La vivienda no solo va a tener un coste de mantenimiento que va a ser un fortunón (IBI con catastrazo, nuevos impuestos que vienen, comunidades de vecinos) sino que va a tener un gasto asociado en derramas de mantenimiento que van a hacer que el precio final de la vivienda sea muy alta. Lo de las calidades va a ser testimonio de folleto como ser verá pronto.

Lo cierto es que los salarios no han hecho más que retroceder, los asalariados son ya solo el 45% del PIB, cifra que es igual a los excedentes empresariales. A ello hay que sumarle el cerca del 10% que suponen los impuestos.

Los salarios están cayendo (productividad destructiva) y los impuestos y la inflación no paran de subir. Desde el 65% del PIB que representaban los salarios al final de la dictadura, el fraude de la transición al nacional-ladrillismo del 78, ha hundido los salarios hasta el 45% del PIB en 2012. Ahora no hay crédito que lo camufle. El consumo interno no será nunca más uno de los motores de la economía española. Los españoles no tienen más remedio que encontrar compradores de sus productos en el extranjero porque ellos simplemente no van a poder comprar esos productos. Además estamos en una devaluación interna por lo que sabemos que los salarios van a bajar los próximos años aún más.

Otra cosa es la actitud suicida de muchos empresarios españoles que no tuvieron un mínimo de formación en economía y si una ética discutible. Muchos empresarios si ven que caen las ventas deciden subir el precio de venta de sus bienes y servicios "para compensar". El resultado es rápido y directo: la empresa vende cada vez más y antes de ir a la quiebra mendiga a los poderes públicos dinero. De momento el dinero público les llega a sectores emblemáticos que se mueven en términos de no-mercado, con precios que no son acordes al poder adquisitivo de la mayoría de españoles, más pronto que tarde este dinero público que altera el mercado para mal dejará de llegar en un mar de lágrimas empresarial, mientras se culpa al del carrito de los helados la economía seguirá hundiéndose y todo por un modelo y unas ideas obsoletas que han muerto para siempre y que van a ser asumidas "por las malas" por los españoles.

En España si caen los ingresos las empresas suben los precios

Conclusión, Fuentes y agradecimientos.

Es cierto que nos enfrentamos a la crisis más grande que ha tenido este país desde la guerra civil y que a efectos económicos y que muchos cambios que vienen son inevitables.

Los alemanes no son "seres de luz"[55] como se les describe con sorna y sarcasmo en internet la gente que manifiesta con hastío la falta de empatía alemana a los pueblos del sur y su generalización dañina capitaneada por la prensa sensacionalista (Bild) pero sí que es verdad que lo que ha habido en España es fruto de un saqueo montado por una serie de actores vinculados al ladrillo y muchos particulares que se han quedado con el dinero a los que les viene muy bien que las culpas recaigan en la banca, los alemanes y el sector público.

Los alemanes tradicionalmente han destacado por su falta de empatía hacia otros pueblos y por su incapacidad para el liderazgo más allá de sus fronteras, en ese sentido nunca han conseguido tener la compleja relevancia imperial que si han tenido otros países europeos como España, Portugal, Francia, Italia o Inglaterra que sí han sabido mantener grandes y heterogéneas extensiones de territorio y población sin los recursos y la disciplina por los que son conocidos los alemanes.

---

[55] Seres de luz= Alemanes, la Europa germánica (Holanda, Austria, Suecia, Luxemburgo Dinamarca, Noruega) + el núcleo duro europeo. (Finlandia)

En Alemania también hay corrupción, pero menor que en los países del sur a los que no han dejado de ayudar en todo momento aunque una evaluación de los resultados sobre cómo se ha gastado el dinero europeo nos puede llevar a pensar que hemos despilfarrado una ingente cantidad de recursos y que podíamos haber hecho muchas cosas mejor. Solamente la construcción de la línea de ferrocarril de alta velocidad entre Galicia y Madrid (que nace sabiendo que va a ser muy deficitaria) costará cinco veces más que el acelerador de partículas del CERN o un 40% más que el presupuesto de la NASA. España eligió su modelo, si en lugar de haber gastado 400.000 millones de euros en crédito promotor para hacer casas minúsculas, con materiales pésimos y mano de obra de formación dudosa en otras cosas, tendríamos otro modelo económico. Solo por poner un ejemplo: con la mitad de ese dinero nos habría servido para pagar el presupuesto de la NASA desde principios de los 90 hasta hoy día (2013). NASA + CERN obviamente son otro modelo económico. Dinero ha habido de sobra para haber hecho algo completamente diferente.

Nosotros elegimos nuestro camino, nuestro modelo económico y votamos a nuestros políticos repetidas veces, somos los encargados de fiscalizar que todo esto funcione y vaya bien. Hemos fallado en la tarea pero se nos presenta una nueva oportunidad desde la modestia que no podemos desaprovechar. Estamos en plena transición forzosa hacia una nueva sociedad, negarlo no haría más que obstaculizar el proceso, no hará más que alargar la agonía.

Al final todo habrá merecido la pena. La vida será bastante mejor. Habremos solucionado el problema de la vivienda durante generaciones, cambiarán el demencial modelo de relaciones sociales que hay en España y daremos finalmente un salto a la madurez que hoy día no tenemos.

Todos los que por avaricia perdieron su dinero en la burbuja han de servir de escarmiento a las generaciones venideras para que esto no vuelva a pasar nunca más. A los que están sufriendo cuando en realidad solo querían tener una casa para hacer algo tan natural como formar una familia todo nuestro apoyo y a aquellos que nos metieron en esta burbuja solo debemos tener una idea en mente: cómo sacarles el dinero que ganaron con esa ética tan despreciable y ponerla a servir a la economía ordinaria y sus familias. Los españoles debemos abandonar los catastrofismos y ser optimistas dentro del realismo que nos impone la modestia y la pobreza que viene, podemos aportar mucho más de lo que estamos aportando, el problema que hay es de estructura y tiempo, la vamos a cambiar y vamos a mejorar mucho nuestras vidas.

Para escribir este libro he visitado multitud de páginas y prensa prestando especial atención a los comentarios anónimos de la gente. En ningún momento pretendo aprovecharme de la propiedad intelectual de esos comentarios que han llegado a muchas personas de forma anónima pero más o menos desordenada. Durante el desarrollo del libro intenté ir anotando los comentarios y la fuente de donde había salido pero el resultado de esa forma de trabajar era infinidad de notas a pie de página que hacían el libro algo prácticamente ilegible muy en contra de la idea que he mantenido siempre desde el principio de que fuese una obra de fácil lectura. A todas esas personas que han escrito en internet les reconozco el mérito y la autoría de sus comentarios sin ningún tipo de reserva. La propiedad intelectual es obra de sus autores y como tal la reconozco, en ese sentido me gustaría también dar las gracias especialmente a los citados nominalmente (Borja Mateo, Santiago Niño Becerra y PPCC) por su trabajo que es mucho más amplio que las meras notas recogidas aquí con la intención de darlos a conocer a quienes no le conocen.

Diariamente sigo una serie de publicaciones que procuro leer siempre que puedo prestando especial atención a los comentarios de la gente, desde los grandes periódicos españoles como El mundo o El país pasando por otros medios que creo que he de mencionar para que se vea que comentarios he ido recogiendo y que para algunos pueden ser reconocidos en este libro. He de dar las gracias a las personas que postean en sitios como, zerohedge. elconfidencial.com, vozpópuli, periodistadigital.com, burbuja.info, transiciónestructural.net, Cincodías, Expansión, russia today etc etc, e infinidad de blogs en los que he ido llegando buscando información y a través de enlaces que espero poder ir citando y completando en el blog
http://laculpaesdelosalemanes.blogspot.com.es/ donde además escribiré todo el material que he decidido excluir del libro

entre otras cosas por miedo a utilizar algo no debido y violar los derechos de propiedad intelectual, materia que no domino y me hace tener ciertas dudas sobre el uso de determinado contenido e imágines con cierto ánimo de lucro ya que este libro se pondrá a la venta cuando esté terminado.

No puedo terminar este libro sin agradecer a las valiosas personas que me rodean su apoyo y su comprensión en estos momentos tan difíciles y a las personas que anónimamente en internet me han enseñado tanto acerca de cosas tan complejas y tan importantes. Esta obra es fruto del trabajo y de los conocimientos de muchas personas que han ido escribiendo en la red y que nos han ido enseñando a muchos algo de una dimensión hasta la crisis desconocida pero de importancia vital. Sin los comentarios de los lectores de las prensa, de blogs y de foros como burbuja.info o transiciónestructural.net no se podría haber roto el silencio. Insisto en ningún momento pretendo aprovecharme intelectualmente del trabajo desarrollado por otros en la red, este libro es una forma de ordenar todo eso que he encontrado en internet con la idea abrir camino para que otros con más conocimiento que yo rompan a escribir y se llegue a un público no habitual fuera de la red. También considero que la prensa debe desarrollar un papel determinante en el proceso de transición que estamos empezando a vivir y que las limitaciones que hay en parte se rompen cuando se presentan trabajos escritos como este. Al fin y al cabo otra de las ideas ha sido trabajar para ordenar y recopilar ideas. En todo caso es la hora de los buenos y los valientes.

www.ingramcontent.com/pod-product-compliance
Lightning Source LLC
Chambersburg PA
CBHW060833170526
45158CB00001B/152